公認心理師
スタンダード
テキストシリーズ

3

［監修］
下山晴彦・佐藤隆夫・本郷一夫

［編著］
下山晴彦・石丸径一郎

臨床心理学概論

ミネルヴァ書房

　多様化する社会のなかで、「心」をめぐるさまざまな問題が注目されている今日において、心の健康は誰にとっても重要なテーマです。心理職の国家資格である公認心理師は、まさにこの国民の心の健康の保持増進に寄与するための専門職です。公認心理師になるためには、心理学に関する専門知識および技術をもっていることが前提となります。

　本シリーズは、公認心理師に関心をもち、これから心理学を学び、心理学の視点をもって実践の場で活躍することを目指すみなさんのために企画されたものです。「見やすく・わかりやすく・使いやすく」「現場に出てからも役立つ」をコンセプトに全23巻からなる新シリーズです。いずれの巻も広範な心理学のエッセンスを押さえ、またその面白さが味わえるテキストとなっています。具体的には、次のような特徴があります。

① 心理学初学者を対象にした、学ぶ意欲を高め、しっかり学べるように豊富な図表と側注（「語句説明」など）で、要点をつかみやすく、見やすいレイアウトになっている。
② 授業後の個別学習に役立つように、書き込めて自分のノートとしても活用でき、自分で考えることができるための工夫がされている。
③ 「公認心理師」を目指す人を読者対象とするため、基礎理論の修得とともに「臨床的視点」を大切にした目次構成となっている。
④ 公認心理師試験の準備に役立つだけでなく、資格をとって実践の場で活躍するまで活用できる専門的内容も盛り込まれている。

　このように本シリーズは、心理学の基盤となる知識と臨床的視点をわかりやすく、学びやすく盛り込んだ総合的テキストとなっています。心の健康に関心をもち、心理学を学びたいと思っているみなさん、そして公認心理師を目指すみなさんに広くご利用いただけることを祈っております。

下山晴彦・佐藤隆夫・本郷一夫

編著者まえがき

　日本の社会は，虐待，不登校，いじめ，仕事のストレス，うつ病，自殺等々，さまざまな心理的問題を抱えています。これは，個人の問題というよりも，社会全体で解決していかなければいけない，深刻な問題といえます。

　公認心理師は，このように広がっている心理的問題の解決のための専門職です。専門職として活躍するためには，心理的問題の解決に向けて専門的な知識と技法をしっかりと学んでいかなければなりません。ですので，心理学を学ぶことにくわえて心の問題の解決や改善をするための臨床実践の方法について学ぶことが重要となります。『臨床心理学概論』は，この臨床実践の方法を解説する内容となっています。その点で本書は，公認心理師の教育カリキュラムの中核となるテキストです。

　本書を読むことで，臨床心理学の全体像を体系的に理解することができます。それだけでなく，臨床心理学と心理学との関係を知ることもできます。また，臨床実践を担当する公認心理師が，なぜ研究法や法律，倫理を学ばなければいけないかも理解できます。臨床心理学は，実践活動だけでなく，研究活動も専門活動も含むものだからです。これについては，ぜひ本書を読んで詳しく理解していただきたいと思っています。

　本書の特徴として，ぜひ皆さんにお伝えしたいことがあります。それは，本書が最新の臨床心理学の内容を盛り込んだテキストとなっていることです。皆さんのなかには，臨床心理学というと，カウンセリングや心理療法と同じものと考える人が多いのではないでしょうか。確かに日本の古いタイプの臨床心理学の教科書には，臨床心理学とカウンセリングが同じものとして書かれていたこともありました。しかし，実際には，臨床心理学は，カウンセリングや心理療法とは随分と異なるものなのです。それは，本書を読んでいただくと，よく理解していただけると思います。

　公認心理師に関心のある多くの皆さんが本書を読み，社会に貢献できる専門職の担い手になることを祈念しております。

　2020年3月

編者を代表して　下山晴彦

◀ 本書の使い方 ▶

❶ まず，**各章の冒頭にある導入文（この章で学ぶこと）**を読み，章の概要を理解しましょう。

❷ 本文横には書き込みやすいよう罫線が引いてあります。気になったことなどを自分なりに書き込んでみましょう。また，下記の項目についてもチェックしてみましょう。

・**語句説明**……重要語句に関する説明が記載されています。

・**プラスα**……本文で解説している内容に加えて，発展的な学習に必要な項目が解説されています。

・**参照**……本文の内容と関連するほかの章が示されています。

❸ 本文を読み終わったら章末の「**考えてみよう**」を確認しましょう。

・**考えてみよう**……この章に関連して調べたり，考えたりするためのテーマが提示されています。

❹ 最後に「**本章のキーワードのまとめ**」を確認しましょう。ここで紹介されているキーワードはいずれも本文で取り上げられているものです。本文を振り返りながら復習してみましょう。

第Ⅰ部

臨床心理学と公認心理師

臨床の視点

　臨床心理学は，「科学，理論，実践を統合して，人間行動の適応調整や人格的成長を促進するとともに，不適応，障害，苦悩の成り立ちを研究し，問題を予測し，そして問題を軽減，解消することを目指す学問である」と定義されます。この定義からわかるように，問題行動がどのように維持発展するのかについての科学的探求に関わる科学性と，人間の苦悩を生み出す状況を改善し，問題を解決していく臨床実践に関わる実践性の両面をあわせもつのが臨床心理学の特徴です。公認心理師は，大学の学部において科学性の基礎を，大学院において実践性の基礎を学びます。第Ⅰ部は，公認心理師カリキュラムにおいて臨床心理学を学ぶためのガイドとなる全体地図を手に入れることが目的となります。

第1章　公認心理師のための
　　　　臨床心理学

第2章　臨床心理学はどのように
　　　　役立つか

第3章　臨床心理学を学び，
　　　　公認心理師になる

第1章 公認心理師のための臨床心理学

臨床心理学（clinical psychology）を学ぶ際，"臨床心理学とは何か"を明確にすることが重要です。本章では，心理療法やカウンセリングとの違いにも留意して臨床心理学を定義します。臨床心理学は，中核には実践活動があります。そして，研究活動でその有効性を実証し，専門活動を通じて社会システムに位置づける体系的構造となります。このような臨床心理学を学ぶことで，公認心理師としての専門性を高めます。

●関連する章 ▶▶▶ 第2章，第4章

1 | 臨床心理学を学ぶために

1 発展しつつある臨床心理学

　臨床心理学の未来には，ワクワクするような新しい地平が大きく広がっています。心理的問題を解決する専門職の国家資格である公認心理師が誕生し，日本の臨床心理学は新たな発展に向けて動きつつあるのです。その公認心理師の専門性の基本となるのが臨床心理学です。したがって，公認心理師を目指す人は，臨床心理学をしっかりと学ばなければいけません。

　ほとんどのみなさんは，高校の授業で心理学や臨床心理学を学ぶことはなかったことと思います。大学に入って初めて，正式に臨床心理学を学ぶことになる人がほとんどでしょう。そこで，最初に，臨床心理学を学ぶうえで大切にしてほしいことをお伝えしておきます。

　それは，冒頭に述べた「日本の臨床心理学は新たな発展に向けて動きつつある」ことと関わっています。つまり，臨床心理学は発展に向けて変化しつつあるのです。そのために読者のみなさんには，常に新しく発展しつつある臨床心理学の最前線を学ぶように努力してほしいということを，まずお伝えします。

2 臨床心理学の成立を知る

　臨床心理学の起源は，社会の近代化が始まった西欧の国々において，19世紀後半から20世紀前半にかけて心理的苦悩を解決するためのさまざまな方法が提案されたことに始まります。これらの方法に相当するのが心理療法やカウンセリングです。みなさんも名前を聞いたことがあると思いますが，フロイト，

ユング，パブロフ，スキナー，ロジャーズといった人々が，人間の心理的苦悩や問題行動の原因を考察し，その原因を除去し，問題を解決する方法を提案したのです。

しかし，この段階では，まだ個別の心理療法やカウンセリングがバラバラと提案されただけでした。心理療法やカウンセリングの創始者がそれぞれの学派を形成し，自らの方法の正しさや素晴らしさを主張するといった状況でした。これらは，その後に**心理力動アプローチ**，**認知行動アプローチ**，**人間性アプローチ**，**ナラティブ・アプローチ**といった方法として発展していく出発点になるものでした（本書第Ⅲ部，Ⅳ部をそれぞれ参照してください）。なお，心理療法を最初に提案したフロイトが医学者であったことから，心理療法を医学の一部とみなす傾向もありました。

そのような事態が大きく変化したのが，第2次世界大戦が終了した20世紀半ばの米国においてでした。それまで提案されてきた心理療法やカウンセリングに心理学の科学的研究を統合し，心理的問題を解決するための実践心理学として，新たに"臨床心理学"が定義されたのでした（下山，2010）。

3　臨床心理学の現在を知る

さらに，臨床心理学では，20世紀後半から21世紀にかけてどのような問題にどのような心理療法が有効かを示すような心理療法の有効性を評価する効果研究が進展しました。その結果，現代の臨床心理学は，科学的に有効性が認められた心理支援を実践するための専門的学問として発展し，社会的にもその意義と必要性が認められるようになっています（Lewelyn & Aafjes-Van Doom, 2019）。

このように現在でも発展し，変化し続けているのが臨床心理学です。ですので，これから臨床心理学を学ぶみなさんには，ぜひ臨床心理学の最前線を学んでいただきたいのです。ただし，日本では，後述するように個別の学派の心理療法やカウンセリングの集合体としての"心理臨床学"という学問が存在しており，臨床心理学を学ぶ者にとっては混乱が生じやすい状況になっています。ぜひ，その点には注意をしていただきたいと思っています（下山，2010）。

以下に示す事例の公子さんは，このような日本の臨床心理学に関する状況に混乱をしているようです。みなさんは，公子さんにどのようなアドバイスをしてあげることができるでしょうか。ぜひ，本書を読んで，公子さんが臨床心理学を正しく学ぶサポートをしていただけたらと思います。

事例　公認心理師カリキュラムになじめない学生

公子さんは，中学生の頃進路のことで悩んだときに，**スクールカウンセラー**に相談をしました。それをきっかけに，将来は心理学を学び，公認心

語句説明

心理力動アプローチ
フロイトの精神分析学を基礎とし，無意識の抑圧が心理的苦悩の要因になると仮定し，抑圧をとり，無意識を意識化することが治療となるとみなすアプローチ。

認知行動アプローチ
行動理論に基づく行動療法と認知モデルに基づく認知療法が相互に技法を取り入れて発展したアプローチ。行動科学と認知科学の成果を臨床実践に応用し，実証的方法を用いることを重視する。

人間性アプローチ
ロジャーズが提唱した人間性の成長を重視する活動として，比較的健康度の高い人を対象として一人ひとりの自己実現を支援することを目指すアプローチ。

ナラティブ・アプローチ
クライアントが自身についての物語を語ることを通して自己の経験に意味を見出すことを支援するアプローチ。

理師になって問題解決のための心理的支援の仕事につきたいと考えるようになりました。頑張って受験勉強をして，公認心理師カリキュラムのある大学に合格しました。しかし，その授業は自分の思っていた内容と異なっていて驚きました。スクールカウンセラーのように，相談に来た人の話を丁寧に聴くための訓練をするものと思っていたからです。

実際には，心理学実験や心理学統計法の科目が必須になっていました。また，法律や倫理に関わる授業もあり，それらは心理学の内容とも異なるような気がしました。公子さんは，心理支援をする公認心理師がなぜこのような科目を学ばなければいけないのかわかりませんでした。そもそもカウンセリングは，臨床心理学と異なった学問であるとも聞きました。公子さんは，自分は本当に公認心理師になれるのか，どのような専門職を目指したらよいのか自信をなくしています。

公子さんにどのようにアドバイスをしたらよいでしょうか。本書は，公認心理師の基本となる臨床心理学の内容を概説したものです。本章を読んだ後に，改めて公子さんにどのようなアドバイスができるのかを考えてみましょう。

2 ｜ 臨床心理学を定義する

1 臨床心理学における科学性と実践性

臨床心理学は，心理学の主要な，そして重要な一分野です。しかし，他の心理学とは異なる特徴があります。それは，人間の心理や行動について“研究”をするだけでなく，心理的問題や問題行動の改善や解決のための“実践”を行うということです。

米国心理学会（American Psychological Association）では，臨床心理学を「科学，理論，実践を統合して，人間行動の適応調整や人格的成長を促進するとともに，不適応，障害，苦悩の成り立ちを研究し，問題を予測し，そして問題を軽減，解消することを目指す学問である」と包括的に定義しています。定義からわかるように臨床心理学は，人間行動がどのように維持発展されるかについての科学的探求に関わる「科学性」と，人間の苦悩を生み出す状況を改善し，問題を解決していく臨床実践に関わる「実践性」の両者から構成される学問として定義されるのです（図1-1）。

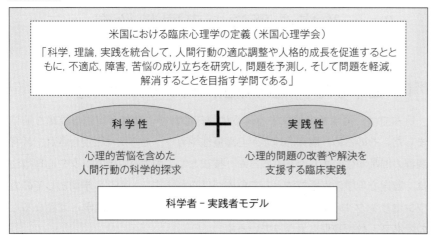

図1-1　臨床心理学の定義

米国における臨床心理学の定義（米国心理学会）
「科学，理論，実践を統合して，人間行動の適応調整や人格的成長を促進するとともに，不適応，障害，苦悩の成り立ちを研究し，問題を予測し，そして問題を軽減，解消することを目指す学問である」

科　学　性　　＋　　実　践　性

心理的苦悩を含めた
人間行動の科学的探求

心理的問題の改善や解決を
支援する臨床実践

科学者 − 実践者モデル

2　科学者 − 実践者モデル

　これは，科学者であることと実践者であることの両者を兼ね備える**科学者 −実践者モデル**（scientist-practitioner model）が臨床心理学教育の基本モデルになっていることを示しています。つまり，臨床心理学に基づく専門職である臨床心理職（clinical psychologist）は，心理的問題の解決を支援する実践者だけでなく，要因を探求する科学者であることが同時に求められることになります（Lewelyn & Aafjes-Van Doom, 2019）。そのため，臨床心理職は，大学院博士課程において科学研究と臨床実践の専門的学習を修了していることが世界的な標準となっています。

　公認心理師は，大学院修士課程修了が前提となっていますが，特例として学部卒で一定の研修を受けた者も受験資格があるとされます。世界標準では，臨床心理学以外でも心理学の専門職であれば，最低でも通常は修士課程修了が前提となっています。したがって，学部卒で受験要件が得られる公認心理師は，世界標準からするならば，専門職としてはスタート時点での資格となります。

　読者のみなさんは，科学者 − 実践者モデルの解説を読んで，冒頭の事例でみた公子さんの疑問について理解が深まったことと思います。つまり，公認心理師の教育においては，この科学者 − 実践者モデルが取り入れられているのです。そのため，公認心理師を目指す人は，実践のための心理学的支援法だけでなく，心理学や心理学の研究法を学ぶ必要があるわけです。公認心理師になるために心理学実験や心理学統計法を学ぶことが求められるのは，科学者 − 実践者モデルが教育カリキュラムの基本となっているからなのです。

参照
科学者−実践者モデル
→4章, 5章

3 | 臨床心理学の専門職教育

1 臨床心理学，心理療法，カウンセリングの違い

　日本では，第4章で解説するように臨床心理学の発展が特殊な経緯を辿りました。そのため，臨床心理学が心理療法やカウンセリングと混合され，教育課程の混乱が生じました。もちろん，技法としてのカウンセリングや心理療法は，臨床心理学の実践技法として位置づけられます。しかし，**学問としてのカウンセリングや心理療法**は，表1-1に示したように**臨床心理学**とは異なるものであり，教育課程も異なっています。

表1-1 学問としての臨床心理学，心理療法，カウンセリングの違い

> **◆臨床心理学**
> 心理学の一分野として，研究に基づく"実証性"と"専門性"を重視する。介入の効果研究を行い，有効な介入法を採用する。そうした専門性が行政や他の専門職から評価され，大学での地位を確保し，社会的資格を得ている。現在では，認知行動療法を中心とする総合的な心理援助を，他の専門職と協働しつつ，コミュニティにおいて展開している。エビデンスベイスト・アプローチが重視される。

◆心理療法
特定の心理療法の学派の活動を重視する。その学派の理論を習得し，学派の技法に特化した実践を発展させることを目指す。"学派性"が重視され，大学ではなく，私的な研究所を中心に教育訓練を行う。心理力動アプローチ，認知行動アプローチ，ナラティブ・アプローチなどの心理療法がある。

◆カウンセリング
ロジャーズが提唱した"人間性"を重視する活動として，心理学にこだわらない幅広い領域に開けた人間の援助の総合学を目指す。ボランティアの人たちも含めるなど，専門性よりも"素人性"が重視される。人間性アプローチが基本となる。

　表1-1を読んで，読者のみなさんは，公子さんがカウンセリングと臨床心理学が違っているという話を聞いて戸惑った理由がわかってきたと思います。それでは，次に臨床心理学，心理療法，カウンセリングがどのように違っているのかを具体的にみていくことにしましょう。

2 公認心理師と臨床心理職

　表1-2に示したように臨床心理学，心理療法，カウンセリングでは，学習の目標もテーマも異なっています。公認心理師は，心理学の実践職としては初

期段階の資格です。したがって，公認心理師を目指す人は，資格取得後にどのような心理職を目指すのかを考えておく必要があります。

表1-2　臨床心理学，心理療法，カウンセリングの学習目標の相違

	臨床心理学	心理療法	カウンセリング
目的	さまざまな問題（精神的，情緒的，行動的，身体的）の解決	心理的苦悩の改善やパーソナリティ変化	健康な側面の成長促進
特徴	アセスメント，介入，コンサルテーションから成る方法を適用	セラピストとクライアントの関係を重視した介入	共感とガイダンスによる簡潔な介入
独自性	心理学の研究方法が基盤	理論によってさまざまな種類	人間的成長を重視

出所：高橋・下山，2017

　公認心理師を取得したうえで専門のカウンセラーを目指すのであれば，共感面接を実践するためのカウンセリング技能を修士課程で習得することが望ましいといえます。そのうえでカウンセリングがテーマとする比較的健康な人々の人間的成長のための教育や職業発達の知識とガイダンスの手法を学びます。心理療法のセラピストを目指すならば，どのような学派の心理療法を中心に学ぶのかが重要となります。その学派が運営する研究所などで，学派の理論を詳しく学ぶとともに上級者に長期間の臨床指導を受けることになります。

　それに対して臨床心理学の専門職である臨床心理職を目指すならば，学部の課程で心理学全般の知見と研究法を習得し，その後に大学院でアセスメント技法と多様な介入技法等の実践心理職の技能を学ぶ必要があります（下山，2014）。さらに臨床心理職として，他職種と協働する技能やチームでリーダーシップをとる社会的能力を身につけることも重要となります。

　このような臨床心理職としての技能を高めるためには，公認心理師の資格取得後にさらに専門職教育を受けていくことが必要となります（下山・中嶋，2016；下山，2019）。

4 | 臨床心理学の構造

1 実践，研究，専門の各活動から構成される学問体系

　臨床心理学の学問体系の中核には，問題解決のための実践活動（practice）

があります。しかし，それだけでは，十分ではありません。実践効果を評価し，より有効な活動を開発していく**エビデンスベイスト・アプローチ**と，そのための研究活動(research)も必要となります。研究によって有効性を示すという"実証的根拠に基づく実践"，つまり**エビデンスベイスト・プラクティス***が可能となります。さらに，そのような実践と研究の成果を社会に伝え，社会活動としての**説明責任（アカウンタビリティ）***を果たす専門活動（profession）も重要となります。

　したがって，臨床心理学は，図1-2に示すように実践，研究，専門の各活動を統合することで専門性を高める学問体系となっています。臨床心理学がカウンセリングや心理療法と異なるのは，このような総合的な学問体系を備えているからです（下山，2010）。

語句説明

エビデンスベイスト・プラクティス
実証研究で効果が見出されているとの根拠（エビデンス）に基づいて介入方針をたてて実施する実践。

説明責任（アカウンタビリティ）
専門家が，行ったり行おうとしている事柄について，社会に情報を開示し，利用者や納税者が納得できるように十分に説明する義務と責任があること。臨床心理学の活動が社会的専門活動となるためには，この説明責任を果たすことが求められる。

図1-2　臨床心理学の構造

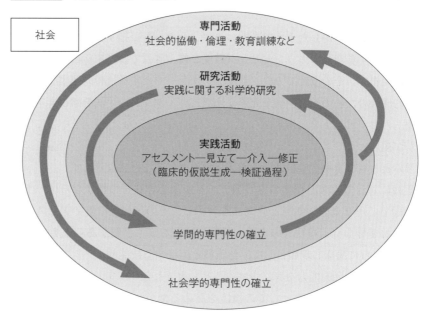

社会

専門活動
社会的協働・倫理・教育訓練など

研究活動
実践に関する科学的研究

実践活動
アセスメント―見立て―介入―修正
（臨床的仮説生成―検証過程）

学問的専門性の確立

社会学的専門性の確立

2　実践活動

　実践活動においては，まず①**アセスメント**（assessment）でクライアントが抱える問題に関する情報を収集します。次にその情報を分析して問題の成り立ちに関する仮説（見立て）である②**ケース・フォーミュレーション**（Case Formulation：CF）を生成します。そしてそれに基づいて問題解決に向けての方針をたて，実際にクライアントの問題に③**介入**（intervention）していきます。
　ケース・フォーミュレーションの生成については，さまざまな理論や知識を参照枠として活用します。そのケース・フォーミュレーションと介入方針を作

参照

アセスメント
ケース・フォーミュレーション
介入
→2章

業仮説（見立て）としてクライアントに説明し，合意が得られたならば介入を実施します。さらに，介入の結果に基づいて仮説を修正して介入する過程を循環的に繰り返します。

3　研究活動

　上述したように臨床心理実践の過程，つまり臨床過程は，ケース・フォーミュレーションとして仮説を生成し，その妥当性を検討するという点で実践活動であると同時に研究活動ということにもなります。それは，「**実践を通しての研究**」として，仮説やモデルの生成に関わる**質的研究***となります。その方法として事例研究，会話分析，グラウンデッドセオリー，フィールドワーク等があります。

　さらに，臨床過程で生成された仮説やモデルの妥当性や有効性を実験研究や調査研究によって科学的に研究することもできます。それは，「**実践に関する研究**」で，**量的研究***となります。その方法として，単一事例実験，ランダム化比較試験（Randomized Controlled Trial：RCT），メタ分析，プログラム評価研究等があります。

　このような研究活動については，それを実施するだけでなく，研究の成果として発表された論文を読むためにも心理学実験や心理学統計法の知識が必要となります。冒頭の事例の公子さんが「なぜ，心理学実験や心理学統計法を学ぶのかわからない」と言っていましたが，その理由はこのような臨床心理学の内容と関連しているからなのです。

　研究活動では，図1-3に示したように「実践を通しての研究」の実践性と「実践に関する研究」の科学性が循環的に統合されて仮説・モデルを生成・検証し，臨床心理学の理論を形成することが目標となります。ここにおいて，科学者‐実践者モデルが実現できることになります（下山，2010）。

語句説明

質的研究と量的研究

質的研究（qualitative research）は，事象を言語的に記述し，その意味の読み取りを軸として分析を進める研究法の総称。それに対して，量的研究（quantitative research）は，数量化データを用いて事象に関連する変数や変数間の関係を統計的手法等によって分析する研究法の総称。

参照

量的研究の方法
→5章

図1-3　実践性（臨床）と科学性（研究）の統合

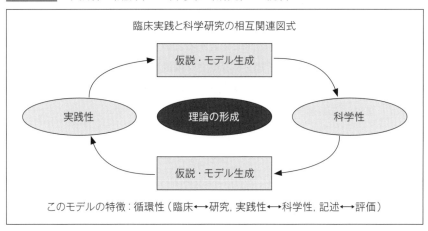

臨床実践と科学研究の相互関連図式

仮説・モデル生成

実践性　　理論の形成　　科学性

仮説・モデル生成

このモデルの特徴：循環性（臨床←→研究，実践性←→科学性，記述←→評価）

4 専門活動

参照

専門活動
本シリーズ第1巻『公認心理師の職責』で詳しく解説する。

　専門活動は，図1-4に示したように，臨床心理学の活動の専門的有効性を社会に説明し，社会システムとしての機能を確立する活動となります。専門技能の教育訓練と職業倫理教育を充実させ，職能団体等の専門組織を構成し，規約と法律に従い専門職としての職責を果たす制度を整備することで，臨床心理学の活動自体を社会システムとして組織化します。それとともに研究成果を公表し，社会に対する責任説明を果たします（下山，2009，2010）。

図1-4　専門活動によって社会システムとして位置づく臨床心理学

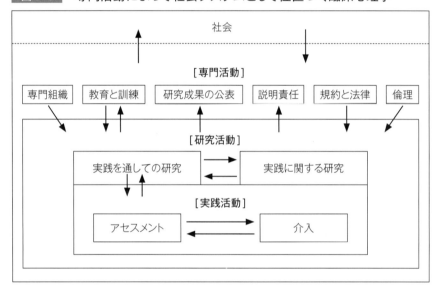

出所：下山，2009をもとに作成

　事例の公子さんは，「法律や倫理の授業もあり，心理学の内容とも異なるような気がしました」と述べていました。読者のみなさんは，ここまで読んできて，この公子さんの疑問に答えることができるようになったと思います。実践活動は，問題が起きている社会的場面に介入するという点で社会的活動です。研究活動は，その実践の有効性を実証する点で学術的活動です。それに社会への説明責任を示す専門活動が加わって臨床心理学の全体構造が確立します。法律や倫理は，まさにこの専門活動のために必要な科目なのです。

5 ｜ 公認心理師と臨床心理学

1　公認心理師カリキュラムにおける臨床心理学

ここまでに解説したように臨床心理学は，実践活動，研究活動，専門活動から構成されています。それぞれの活動ごとに専門的な知識と技能が含まれており，その多様な専門性の体系をマスターするには長い教育訓練のプロセスを要します。もし，あなたが臨床心理学に基づく専門職，つまり臨床心理職になることを目指すならば，まず学部で研究法や心理学統計法を含む学術的な心理学をしっかりと学ばなければなりません。

その後，大学院で実践的な心理学の教育訓練を受けることになります。臨床心理学の専門性を習得し，臨床心理職として活動できるレベルに達するには，先述のように通常博士課程を修了することが求められます。実際に諸外国の臨床心理職の公的資格の要件はほとんどが，博士課程修了が前提となっています。なお，諸外国ではカウンセラーや家族療法・カップル療法の実践職であっても，通常は修士課程修了が前提となります。

2　臨床心理職になるために

公認心理師を目指す人は，学部カリキュラムで心理学関連の科目を広範囲に学ぶことが求められています。さらに実践活動関連の科目については，本来であれば大学院で学ぶ内容の一部が学部カリキュラムに入ってきています。たとえば心理的アセスメントや心理支援の技法については，大学院における専門訓練において実践を通して技能を習得していくべきものです。

ところが，公認心理師のカリキュラムでは，そのような実践科目が実践とは切り離された学部の授業で教えられることになっています。したがって，学部においては臨床心理学の知識を学ぶことができますが，実践技能という点についてはほんの入門レベルしか学べないことを知っておいていただきたいと思います。

本来の臨床心理学を学び，臨床心理職を目指す人は，大学院の修士課程に進み，公認心理師を取得後もさらに専門職としての教育訓練を継続することが必要となります。

3　医学モデルとは異なる臨床心理学の専門性

ここで医学と臨床心理学の違いについて述べておきます。医学は，基本的に自然科学に基づき，疾病の治療を行う学問です。医師が医学的知識に基づいて

病理を診断し，その病因を薬物や身体的処置によって除去，管理することが治療の基本手続きとなります。そのため，医療現場では医師を中心として，患者の病理を管理するためのシステムが構成されてきました。

　それに対して，臨床心理学は，病理の治療を目的とした学問ではありません。広く心理的問題の解決の援助をする学問です。症状を呈していなくても，心理的援助を必要としている人が数多くいます。もちろん，心理的問題のなかには精神医学的病理が含まれる場合もあります。しかし，そのような場合，臨床心理学では，病理を抱えてどのように生きるのかという心理面での問題解決がテーマとなります。

　症状を呈していても，それはその人のパーソナリティの一部であり，健康な部分も併せもっています。したがって，病理を特定化して疾病の診断(diagnosis)を行う精神医学に対して，臨床心理学は病理を含むパーソナリティ全体についての心理学的アセスメントを行います。また，精神医学が客観的な疾患（disease）としての病理を扱うのに対して，臨床心理学は患者の病理経験としての病い（illness）を扱います。つまり患者の病理経験についての語りを聴くことを通して患者が自己の病いを受け入れ，病いを抱えつつ自己の人生を生きられるよう心理的に援助するのが臨床心理学です。

　その点で臨床心理学の専門性の基本理念となるのは，医学的治療ではなく，心理学的支援です。ただし，相違があるからといって，臨床心理学と精神医学が相容れないというのではありません。そこで重要となるのが，両者の専門性の違いを確認したうえでの協力関係を築くことです。そのために公認心理師は，精神医学の診断や薬物療法などの治療法をしっかり学ぶことは必要です。

考えてみよう

精神科の医師は，主に薬を使って心の問題を治療します。臨床心理学はそのような精神医学とは，どのように違うのでしょうか。

🪶 本章のキーワードのまとめ

臨床心理学の定義	科学，理論，実践を統合して，人間行動の適応調整や人格的成長を促進するとともに，不適応，障害，苦悩の成り立ちを研究し，問題を予測し，そして問題を軽減，解消することを目指す学問。
学問としての臨床心理学	心理学の一分野として，研究に基づく"実証性"と"専門性"を重視する。介入の効果研究を行い，有効な介入法を採用する。（諸外国では）行政や他の専門職からその専門性が評価され，大学での地位を確保し，社会的資格を得ている。現在では，認知行動療法を中心とする総合的な心理支援を，他の専門職と協働しつつコミュニティにおいて展開している。
学問としての心理療法	精神分析に代表される，特定の心理療法の学派の活動を重視する。その学派の理論を習得し，学派の技法に特化した実践を発展させることを目指す。"学派性"が重視され，大学ではなく，私的な研究所を中心に教育訓練を行う。
学問としてのカウンセリング	ロジャーズが提唱した"人間性"を重視する活動として，心理学にこだわらない幅広い領域に開けた人間の援助の総合学を目指す。ボランティアの人たちも含めるなど，専門性よりも"素人性"が重視される。
実践を通しての研究	実践活動で理論や知識を参照枠として利用して方針（仮説）を立て，介入し，さらにその結果に基づいて方針を検討，修正する臨床過程は，仮説の生成と検証を行う点で実践を通しての研究となる。
実践に関する研究	臨床過程で得られた仮説や臨床過程そのものを実践活動から切り離して対象化し，それを実験研究や調査研究によって科学的に研究する。
科学者‐実践者モデル	人間行動がどのように維持発展されるかについての科学的探究を進めるとともに，苦悩を生み出す状況を改善し，問題を解決する臨床実践に関わる専門職を目指して，1949年に採用された米国の臨床心理学大学院における教育訓練モデル。
エビデンスベイスト・アプローチ	根拠（エビデンス）に基づいて介入法を選択して心理実践を行うこと。心理実践の判断材料となる代表的な根拠としては，効果研究に基づく心理的介入法の有効性に関するエビデンスがある。
心理力動アプローチ	フロイトの精神分析学を基礎とし，無意識の抑圧が心理的苦悩の要因になると仮定し，抑圧をとり，無意識を意識化することが治療となるとみなすアプローチ。
認知行動アプローチ	行動理論に基づく行動療法と認知モデルに基づく認知療法が相互に技法を取り入れて発展したアプローチ。行動科学と認知科学の成果を臨床実践に応用し，実証的方法を用いることを重視する。
人間性アプローチ	ロジャーズが提唱した人間性の成長を重視する活動として，比較的健康度の高い人を対象として一人ひとりの自己実現を支援することを目指すアプローチ。
ナラティブ・アプローチ	クライアントが自身についての物語を語ることを通して自己の経験に意味を見出すことを支援するアプローチ。

第2章

臨床心理学はどのように役立つか

臨床心理学の実践活動では，まず対象となる問題に関する情報を収集し，分析して問題の成り立ちを理解します。次にそれに基づいて問題解決に向けての方針を立て，実際に介入していくことになります。そのための手続きとして，心理的アセスメント，ケース・フォーミュレーション，心理学的支援といった方法があります。本章では，このような臨床心理実践の方法について学びます。

●関連する章 ▶▶▶ 第1章，第5章

1 | 公認心理師のための臨床心理実践

1 公認心理師の実践活動

　第1章では，臨床心理学は実践活動，研究活動，専門活動から構成されていることを学びました。そこで，本章では，臨床心理学の中核にある実践活動について詳しく学んでいくことにします。

　ところで，公認心理師の行う実践活動と臨床心理学の実践活動とは，どのような関係にあるのでしょうか。そのことを確認するために，公認心理師が行う実践活動を定義している公認心理師法をみていくことにします。公認心理師法の第2条で，公認心理師の業務を下記のように定義しています。

　① 心理支援を要する者の心理状態の観察，その結果を分析。
　② 心理支援を要する者の，心理に関する相談，助言，指導その他の援助。
　③ 心理支援を要する者の関係者に対する相談，助言，指導その他の援助。
　④ 心の健康に関する知識の普及を図るための教育及び情報の提供。

　ここで，公認心理師の専門的行為とされる内容は，それぞれ臨床心理学の実践活動における①心理的アセスメント，②本人の心理支援（心理学的介入），③関係者の心理支援（**コンサルテーション**[*]），④コミュニティ活動に相当します。したがって，公認心理師の行う実践活動は，臨床心理学の実践活動と重なっているとみることができます。

2 臨床心理学の実践活動の実際

　そこで，本章では，公認心理師が知っておくべき臨床心理学の実践活動の基

本の手続きと技能を概説し，臨床心理学が心理的問題の解決にどのように役立つのかを説明します。その際，具体的な手続きと技能を知っていただくために，公認心理師が現場で出会うことになる典型例を示し，臨床心理学の実践活動の知識や技能がどのように活用されるのかを体験的に学んでいきます。読者のみなさんは，下記のような事例を担当した場合，どのように問題を理解し，問題の改善のためにどのような心理支援をするのかを考えてみてください。

> **事例**　劣等感の強い不登校の中学生
>
> 心太くん（14歳男子，中学 2 年生）は，児童精神科クリニックから紹介されて母親（42歳会社員）と一緒に，公認心理師が勤務する心理相談センターに来談しました。主訴は，「勉強の遅れによる劣等感と不登校」でした。クリニックからの紹介状には「乳幼児健診での指摘はなかったが，幼少期より"社会的ルールをとても気にする"といったこだわりの強さが顕著であった。薬物療法が有効ではないので心理支援をお願いしたい」と記載されていました。

さて，このような事例に対して公認心理師はどのように対応したらよいでしょうか。本章では，臨床心理学の実践活動の方法について解説をした後に，この心太くんの問題の解決に向けた心理支援について考えてみることにします。

2 ｜ 実践活動の構造とプロセス

1 実践活動の場の特徴

　臨床心理学の対象となる人々は，個人の場合もあれば，家族や学校といった集団の場合もありますが，いずれにしろ現実生活を営んでいます。現実生活では，"時間"と"空間"が基本的な生活の軸となります（下山，2010）。

　人々は，時間のなかで自己の人生という発達の物語を生きています。ただし，それは，一人で孤立して生きているのではありません。社会的な環境という"空間"のなかで対人関係を通して生きています。社会の物語を生きているわけです（下山，2014）。

　したがって，時間と空間は，"発達"と"社会"という現象として現実生活の場で展開します。そのなかで何らかの問題が生じ，問題の当事者，あるいは関係者が問題解決に向けての心理支援を求めてくることから臨床心理学の実践活動が始まります。臨床心理学は，心理支援を求めてくる人をクライアントとよ

実践心理職としての発展

第1章でも示したように公認心理師は，心理職の資格としては基礎レベルのものである。したがって，学部の公認心理師カリキュラムで学ぶ実践活動は，臨床心理学の実践活動の基礎知識にとどまる。公認心理師の資格を取得したとしても，実践心理職（practitioner psychologist）として発展するためには大学院や現場での臨床実践を通して，より専門的な臨床心理学の技能の訓練を積み重ねていくことが必要となる。

びます。本章では，図2-1に従って，臨床心理学の**実践活動のプロセス**を解説します。

2　実践活動のプロセス

　実践活動でまず重要となるのが公認心理師とクライアントとの信頼関係です。公認心理師は，来談したクライアントの気持ちに共感するコミュニケーションを通して，信頼感を形成します（下山，2014）。

　公認心理師は，図2-1に示したように，まずはその信頼感を土台として心理支援の対象となる問題とは何かを定めるために問題に関する情報を収集するアセスメントを行います。次に，その情報を分析して問題の成り立ちに関する仮説としてケース・フォーミュレーションを形成します。そして，そのケース・フォーミュレーションに基づいて介入方針を定めて介入する段階となります。ただし，臨床心理学の対象となる問題の多くは，一度の介入で問題が解決することは難しく，通常は介入とアセスメントが繰り返し行われます。ケース・フォーミュレーションを作業仮説として介入し，その結果について再度アセスメントを行い，より現実に則した仮説に修正し，再び問題に介入していきます。

　この仮説生成‐検証過程において，ケース・フォーミュレーションを生成するために参照モデルとして利用するのが，心理療法の理論や心理学の知見です。図2-1に示したように現実生活の基本的な次元を構成しているのは，時間と空間の軸のうえに成立している発達と社会です。その点で心理的問題を理解するためには，心理療法の理論以外にも発達心理学と社会心理学（コミュニティ心理学）が参照モデルとして必要となります。また，問題のなかに心理的偏りや障害が含まれている場合に，その成因と状態を理解する照合枠となるのが異常心理学です。異常心理学は，単に精神病理にとどまらない広範囲の問題行動の成因と状態を，認知心理学等の成果を取り入れて検討しています。

図2-1　実践活動のプロセス

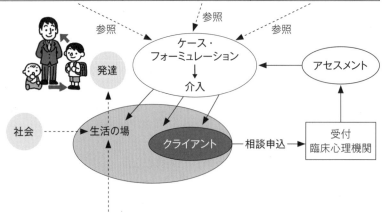

参照モデル		
社会や集団への介入	個人の行動への介入	個人の内面への介入
社会心理学 コミュニティ心理学 家族療法	発達心理学 異常心理学 行動療法 認知行動療法	精神分析療法 分析心理学 クライアント中心療法

3 ｜ 心理的アセスメント

1 アセスメントとは

　臨床心理学における**アセスメント**は,「心理支援の対象となる問題について,そこに関わる人のパーソナリティや能力,問題の状況や規定因に関する情報を系統的に収集し,分析し,その結果を総合して事例への介入方針を決定するための作業仮説を生成する過程」と定義できます(下山, 2010)。このようなアセスメントは,①受付段階,②準備段階,③情報の収集段階,④情報の分析段階,⑤結果報告の段階から構成されます。情報収集の方法としては**面接法**,**観察法**,**検査法**を用います。特に検査法については,近年の心理学の発展により,情報の認知の仕方に注目した知能検査や神経科学に基づく**神経心理学的検査**などが新たに開発されてきています。問題の状態に則してさまざまな方法を組み合わせて多様な情報を収集し,多角的に分析することになります。

2 **精神医学的診断との相違**

　心理支援の対象となる人(クライアント)に精神障害がある場合には,心理的アセスメントは精神医学的診断と重なる側面があり,両者が同一のものとして混同されることがあります。しかし,心理的アセスメントは,人間の心理的特性を測定・評価する点で病理の診断分類を目的とする精神医学的診断とは異なっています。それは,病理である精神疾患を確定し,薬物療法によってその治療を目的とする精神医学と,心理的問題の解決の援助を目的とする臨床心理学との学問のあり方の違いとも関連しています。心理的アセスメントは,単に個人のパーソナリティや特性を査定するだけでなく,行動パターンに注目する機能分析や,環境との関連をみていく生態学的アセスメントなど幅広く問題状況を把握するものとなっています。

4 ｜ ケース・フォーミュレーション

1 **ケース・フォーミュレーションの役割**

　ケース・フォーミュレーションは,アセスメントで収集した情報を分析することで,問題が生じ維持されているメカニズム,つまり問題の成り立ちに関す

語句説明

面接法
会話を通して,問題に関する情報を収集する方法。

観察法
行動を観ることによって,問題に関する情報を収集する方法。

検査法
課題の遂行結果の分析によって問題に関する情報を収集する方法。

神経心理学的検査
高次脳機能の障害の同定とその測定を目的とする検査。見当識,言語,記憶,注意などの障害や実行機能の障害を検査する。

ケース・フォーミュレーション
ケース・フォーミュレーションとは事例の当事者の心理的,対人的,行動的問題の原因,促進要因,およびそれを維持させている力に関する仮説であり,その人に関する複雑で矛盾した情報をまとめ上げる助けになるもの(下山, 2010)。

る仮説を生成する作業です。

　公認心理師は，ケース・フォーミュレーションに基づいて介入方針を定め，それをクライアントに説明し，合意を得て介入に進むことになります。アセスメント情報を分析し，その結果をクライアントに説明するという点ではアセスメントの後半段階に相当します。また，介入方針を定め，クライアントに説明し，介入に向けて合意を得るという点では介入の初期段階に相当します。したがって，ケース・フォーミュレーションは，アセスメントと介入の両者と重なりつつ両者をつなぐ役割を果たします。

2　異常心理学

　異常心理学は，心理的問題とは何かを検討するとともに心理的問題が形成され，維持されるプロセスについて研究することを目的とする心理学です。異常心理学の成果として，心理的問題形成に関する，さまざまな理論モデルが提案されています。代表的なものとして図2-1で参照モデルとしてあげた精神分析療法，分析心理学，クライアント中心療法，行動療法，認知行動療法，家族療法，コミュニティ心理学の理論モデルがあります。改めて表2-1，2-2，2-3でもう少し詳しくみてみましょう。ケース・フォーミュレーションを形成する場合には，このような異常心理学の理論モデルを参照することになります。

　心理的問題は，その人が成長する発達のプロセスにおいて対人関係や所属する集団（社会システム）のあり方との関連で生じてくることがほとんどです。したがって，問題を個人の心のなか（内面）でおきた現象としてとらえるだけでは不十分です。多くの心理的問題は，発達過程における問題行動として現れます。たとえば，不安や落ち込みと関連して生じる不登校やひきこもりといった不適応行動がそれにあたります。また，虐待，いじめ，パワーハラスメントといった問題は，家庭，学校，会社といった社会システムとの関連で生じてくる問題です。したがって，個人の心理的問題でも，行動や社会的関係の問題として理解していくことも必要となります。そのため，問題を理解するためには，単に個人の内面（表2-1）だけでなく，行動的側面（表2-2）や社会的側面（表2-3）を含めて統合的に問題を把握していくことが重要となります。

5　介入

1　生物‐心理‐社会モデル

　介入にあたっては，第1章で解説したように有効性が実証された心理学的

参照

精神分析療法
→8章

分析心理学
→8章

クライアント中心療法
→7章

表2-1　個人の内面に介入

精神分析療法 （psychoanalysis）	<心理的問題のとらえ方> 乳幼児期の体験で意識に統合されなかった事柄が無意識の領域へと抑圧され，その結果，心的葛藤が生じ，症状が形成される <介入の目的> 無意識の抑圧の解除と葛藤の意識化
分析心理学 （analytical psychology）	<心理的問題のとらえ方> 心は，自己を中心とする無意識と意識の相補性によって全体が構成されている。意識と無意識のバランスが崩れ，相補性が保てない場合に心理的問題が生じる <介入の目的> 自己を中心に無意識の真相を意識に統合し，心の全体性を回復すること
クライアント中心療法 （client centered therapy）	<心理的問題のとらえ方> 人間は，一人ひとりが基本的に健康で，成長と自己実現（self-actualization）に向かう可能性をもった存在である。心理的に不健康な状態とは，自己実現という本来の傾向に従わない場合である <介入の目的> その人の潜在力と主体的能力を尊重し，内在する自己実現傾向の促進的風土を提供すること

表2-2　個人の行動に介入

行動療法 （behavior therapy）	<心理的問題のとらえ方> 不適応行動も，適応的な行動と同様に学習の原理に従って特定の状況のもとで学習された反応である <介入の目的> 学習訓練手続きを用いることによって，不適応行動を消去し，それに替わる好ましい行動を新たに形成するような働きかけを行うこと
認知行動療法 （cognitive behavioral therapy）	<心理的問題のとらえ方> 人は，刺激－認知過程－反応という図式で示されるように認知過程で情報処理を行い，行動を決定する。心理障害の症状は，その認知過程における認知の歪みに媒介されて発生し，維持される <介入の目的> 認知の歪みの修正

表2-3　社会や集団に介入

家族療法 （family therapy）	<心理的問題のとらえ方> 心理障害を個人の問題としてではなく，その個人が属する家族システムの問題としてとらえる <介入の目的> 家族システム特有の問題があると考え，システムを全体として変化させること
コミュニティ心理学 （community psychology）	<心理的問題のとらえ方> 人の行動は，社会的物理的環境と切り離された状況で発生するのではなく，その人が生きている社会的物理的環境との相互作用のなかで成り立つものである <介入の目的> 環境から切り離して個人の心理的内面や行動のみを取り上げるのではなく，人と環境の相互関係システムの全体をとらえ，人と環境の両面に働きかける

プラスα

統合的介入

図2-2に示したように問題は，生物的要素，心理的要素，社会的要素が相互に関連し，行動の問題として顕在化する。そこで，問題のアセスメントや介入においては，単に個人の内面（表2-1）だけでなく，行動（表2-2）や社会や集団（表2-3）の観点を統合しての問題理解が必要となる。したがって，ケース・フォーミュレーションを作成するにあたっては，表2-1～2-3のいずれか一つの理論モデルを当てはめて問題を理解するのではなく，複数のモデルを参照して現実の場で起きている事実に則して統合的に問題を理解していくことになる。

参照

生物－心理－社会モデル
→6章

支援法を優先的に採用するエビデンスベイスト・プラクティスを行うことが望ましいといえます。しかし，実際の心理的問題は，生理的要素，身体的要素，行動的要素，心理的要素，対人関係的要素，社会的要素などが重なり合って起きています。したがって，対象となる心理的問題が深刻で複雑になればなるほど，多様な要素を包含した統合的介入が必要となります。また，問題が社会的環境の影響を強く受けている場合には，介入の対象も問題の当事者だけでなく，その人の家族，知人，先生，同僚，上司等の関係者を支援することで問題解決を図るコンサルテーションが有効になります（下山・中嶋，2016）。

　心理支援を統合的に構成するためには，図2-2に示した**生物－心理－社会モデル**（Bio-Psycho-Social model）が参考になります。＜個人＞システムは，思考，感情等の＜心理＞システムと神経系，消化器系といった＜生物＞システムが相互に関連し合うことで成立しています。その＜個人＞システムは，家族，学校，職場，地域といった＜社会＞システムの下位システムとなっています。＜個人＞システムは，それだけで孤立しているものではありません。人間は，行動（特にコミュニケーション行動）を媒介として＜社会＞システムと連動して生活しています。つまり，臨床心理学の実践活動では，人間はこのような**生物－心理－社会システム***のなかで生活をしていることを前提として介入をします。

2　多職種チームによる支援

　心理支援においては，問題解決に向けて様々なメンタルヘルス職が連携（リエゾン）や協働（コラボレーション）して活動することが多くなっています。時には多職種でチームを形成し，問題行動の解決に向けて活動します。**多職種チーム**を形成するにあたっては，図2-3に示したように生物－心理－社会モデルに基づくことになります（下山，2014）。

図2-2　生物－心理－社会モデルによる問題理解

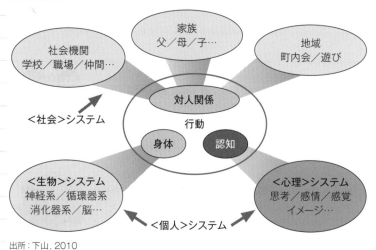

出所：下山，2010

　問題行動をみていくと，病いや障害が原因となって問題が生じている場合があります。しかし，病いや障害が原因であったとしても，生物的な側面の医学的治療をすればよいのではありません。不安や抑うつといった心理的問題，さらには対人的孤立や経済的苦境といった社会的問題も併せて生じていることが多くあります。多くの場合，問題は一つの要因ではなく，生物的側面，心理的側面，社会的側

面が重なり合い，複合的な事態になっています。

したがって，医師や看護師などの医療職は生物（身体）的側面，公認心理師などの心理職は心理（認知）的側面，社会福祉士などの福祉職，教員などの教育職，行政職は社会（制度）的側面というように，それぞれが役割分担をしつつ協働して活動することになります。そこで，公認心理師は，他職種と協働するために，心理学の知識だけでなく，医学や社会制度等の幅広い専門知識が必要となります。

また，他職種との協働チームのメンバーとして実践活動をする場合には，一人の専門家が個人を対象とする個人心理療法とは異なる発想，態度，技法が求められます。個人に働きかけるだけでなく，図2-4に示した，問題が生じている社会的環境を改善していくコミュニティ支援の発想と態度を他職種のメンバーと共有することが必要となるわけです（Marzillier & Hall,1999）。具体的には，個人ではなく，集団，システム，

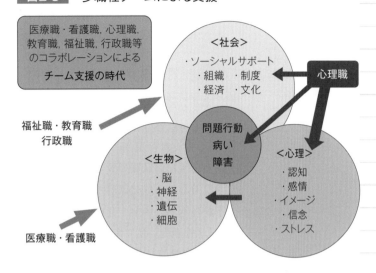

図2-3　多職種チームによる支援

医療職・看護職，心理職，教育職，福祉職，行政職等のコラボレーションによる **チーム支援の時代**

福祉職・教育職
行政職

＜社会＞
・ソーシャルサポート
・組織　・制度
・経済　・文化

心理職

問題行動
病い
障害

＜生物＞
・脳
・神経
・遺伝
・細胞

＜心理＞
・認知
・感情
・イメージ
・信念
・ストレス

医療職・看護職

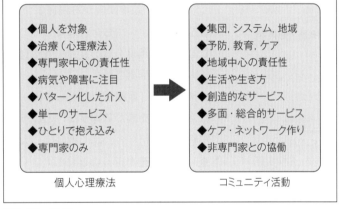

図2-4　心理支援としてのコミュニティ活動

◆個人を対象
◆治療（心理療法）
◆専門家中心の責任性
◆病気や障害に注目
◆パターン化した介入
◆単一のサービス
◆ひとりで抱え込み
◆専門家のみ

◆集団，システム，地域
◆予防，教育，ケア
◆地域中心の責任性
◆生活や生き方
◆創造的なサービス
◆多面・総合的サービス
◆ケア・ネットワーク作り
◆非専門家との協働

個人心理療法　　　　　　コミュニティ活動

出所：下山，2010

地域といった社会的環境を対象とし，専門家中心の発想ではなく，地域中心の発想に基づいてチームで責任をもって問題に対処する発想が重要となります。また，病気を治療するのではなく，生活や生き方を改善し，病気を含めた問題が起きないように予防，教育，ケアを実践するためのサービスやネットワークを形成してく態度や技術が必要となります。

6 ｜ 問題解決に向けての実践活動

本節では，冒頭で示した心太くん（14歳男子，中学2年生）の事例を題材と

語句説明

生物 - 心理 - 社会システム
個人システムは，認知，感情等の心理システムと神経系，消化器系といった生物システムが相互に関連し合い，その個人システムは，家族，学校，職場，地域といった社会システムの下位システムとなっている。

して，臨床心理学の実践活動では，問題をどのように理解し，どのように心理支援するのかを具体的に解説します。みなさんは，事例を通して本章で学んできた実践活動の手続きと技法の実際を復習していただけたらと思います。

1　アセスメント

まず公認心理師は，心太くんと母親と一緒に受付面接を行いました。「面接情報」は，次のようなものでした。

［心太くんの現在の状況に至る経緯］中学1年生の1学期より，勉強に自信がもてずに，試験で少し間違うたび強く落ち込むことが生じた。勉強に手がつかなくなり，成績は落ちてきていた。周囲と自分を比較して家で悲観的な発言を繰り返し，中学1年生の3月より完全に不登校となった。

［学校環境］私立の進学校で，勉学の進度が速く，宿題も多い。

［家庭環境］父親（営業職）が家庭を顧みず，母親への暴力があったため，心太くんが小学校2年生のときに離婚。経済的に苦しい母親はパートの事務職として働き，家庭では勉強に着手しない心太くんを強く叱責しがち。

［生育歴］幼稚園時から現在まで，大勢のなかに入っていくのが苦手。一人遊びが多く，いつもゲームをしていた。自分の思い通りにならないと癇癪を起こし，信号無視をした友達を強く責めるなどの頑固さが目立つといった点で発達の偏りが推測された。

来談時の「観察情報」としては，心太くんは表情に乏しく声が小さく，母親は多弁でやや落ち着きがないという行動特徴がみられた。以上の面接情報と観察情報から担当の公認心理師は心太くんの発達障害の可能性を想定して**発達検査・知能検査**を行うことにした。「検査情報」としては，つぎのような結果が得られた。

［検査情報］発達検査（**PARS-TR**[*]）の得点からは，自閉スペクトラム症の傾向がみられた。知能検査（**WISC-Ⅳ**[*]）では，全検査IQ：127，言語理解：119，知覚推理：139，ワーキングメモリー：118，処理速度：102であった。IQの平均が100であることを考慮するならば，心太くんは非常に高い知能を有していることがわかった。下位検査の分析も踏まえると心太くんの認知的特徴として，①「さまざまな事柄を一度に多く連想する力」が高い，②「これに注意すればよい」という「指針」が与えられると，考えがまとまりやすくなる，③明確な指針がないと，余計な考えが浮かびすぎる，といった傾向があることが明らかになった。

2　ケース・フォーミュレーション

知能検査の結果から心太くんは高い知能をもつことがわかり，「勉強が手につかない」ことの原因は，「理解力の問題」ではないことが判明しました。む

参照

発達検査・知能検査

→本シリーズ第14巻『心理的アセスメント』を参照。

語句説明

PARS-TR

PARS-TRとは「Parent-interview ASD Rating Scale-Text Revision」の略称。自閉スペクトラム症（ASD）の発達・行動症状について母親（あるいは主養育者）と面接し，情報を得ることでASD特性の可能性の程度を評定する発達検査。

WISC-Ⅳ

ウェクスラー式知能検査の児童用。「Wechsler Intelligence Scale for Children-Fourth Edition」の略称。5歳〜16歳11か月の子どもを対象とした知能検査。

しろ，問題の中核には自閉スペクトラム症傾向（「生物的要因」）があると想定されました。そこで，自閉スペクトラム症の特徴である「こだわりの強さ」と，連想が広がりすぎるという「認知の偏り」があり，それが心太くんが勉強に集中するのを妨げる要因になっているとの仮説を生成しました。さらに成績の低下は，心太くん自身の進路への不安を高めただけでなく，母親の子育てへの不安（「心理的要因」）にもつながると想定しました。また，父親不在という家庭環境と進学校という学校環境（「社会的要因」）は，心太くんや母親

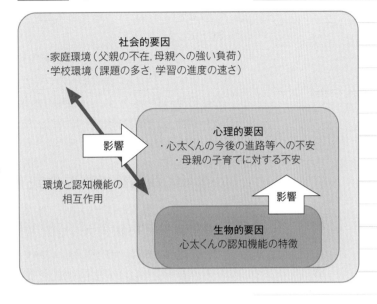

図2-5　ケース・フォーミュレーションの図式化

の不安の要因になっていることも想定されました。さらに，母親が不安から心太くんに勉強を強制していたために，心太くんの社会的なコミュニケーションの練習ができていないことも推測できました。そこで，介入に向けての作業仮説として，これらの要因が絡み合って心太くんの落ち込みと不登校が維持されてしまう悪循環が形成されているとのケース・フォーミュレーションを生成しました。それを図式化したものが図 2-5 です。

3　介入

　心太くんと母親に上記のケース・フォーミュレーションを説明した後，介入方針として勉強の仕方に関し「どのワークを 1 日何ページずつやるか」を決め，「勉強中に不安になった際の気分転換のパターン」を習得するワークを面接で実施することにしました。これは，自閉スペクトラム症など発達障害の問題の解決支援において有効とのエビデンスが示されている，行動療法の応用行動分析を活用したものでした。

　母親面接も並行して行いました。そこでは，叱られると悲観的連想が広がりやすい心太くんの認知特徴を考慮し，彼のできないところではなく，できているところを褒めるというサポートの仕方を母親に指導しました。そのうえで発達障害者支援センターの母親教室に通うことを勧めるとともに，センターの社会福祉士に連絡し，地域で心太くんと母親の家族をサポートすることを依頼しました。また，発達障害者支援センターの公認心理師にも連絡をして，心太くんがソーシャルスキルトレーニングのグループに参加し，コミュニケーションの練習ができるように依頼をしました。さらに，心太くんの了解を得て学校の

参照

行動療法
→9章

応用行動分析
→9章

先生に連絡をして，学業面と人間関係面でのサポートの助言をしました。以上の経過を紹介先の児童精神科クリニックに報告して，連携して支援する体制を整えました。

このように心太くんの心理支援だけでなく，母親と学校の先生への助言をしています。これは，関係者へのコンサルテーションに相当します。また，家庭，児童精神科クリニック，発達障害者支援センター，学校と連携し，医師，教員，社会福祉士，公認心理師が協力し，社会的環境の改善も含めて問題解決に向けての支援活動を実践しました。

4　実践活動で重要なこと

本章では，臨床心理学の中核となる実践活動について解説しました。公認心理師の実践活動の中心となるのは，心理的アセスメントと心理支援です。そこで，公認心理師は，心理的側面のみを対象としていればよいと誤解しがちです。

しかし，実際には公認心理師は，心理的な内面の問題だけでなく，生物的要因や社会的要因とも密接に関連する問題行動をも扱います。したがって，公認心理師は，心理的要因だけでなく，生物的要因，社会的要因を含めて問題行動を統合的に把握していくことが重要となります。

生物 - 心理 - 社会的モデルに基づくケース・フォーミュレーションは，そのような統合的な問題理解に必要となる方法です。また，生物的側面，心理的側面，社会的側面のそれぞれに関わる多職種の専門職が連携し，チームで関わることも必要となります。

考えてみよう

私たちは，日常的に心理の正常と異常についての判断をしています。それと，公認心理師が行う心理的アセスメントとはどのように関連し，どのように違っているのでしょうか。

🖋 本章のキーワードのまとめ

実践活動のプロセス	心理支援の対象となる問題に関する情報を収集するアセスメントを行い，その情報を分析して問題の成り立ちに関する仮説として形成したケース・フォーミュレーションに基づいて介入方針を定めて介入する。
アセスメント	心理支援の対象となる問題について，そこに関わる人のパーソナリティや能力，問題の状況や規定因に関する情報を系統的に収集し，分析し，その結果を総合して事例への介入方針を決定するための作業仮説を生成する過程。
ケース・フォーミュレーション	事例の当事者の心理的，対人的，行動的問題の原因，促進要因，およびそれを維持させている力に関する仮説であり，その人に関する複雑で矛盾した情報をまとめ上げる助けになるもの。
異常心理学	心理的問題とは何かを検討するとともに心理的問題が形成され，維持されるプロセスについて研究することを目的とする心理学。異常心理学の成果として，心理的問題形成に関する，様々な理論モデルが提案されている。
介入	エビデンスベイスト・プラクティスに基づき，有効性が実証された心理学的支援法を優先的に採用する。ただし，心理的問題が深刻で複雑になればなるほど，多様な要素を包含した統合的介入が必要となる。
生物 - 心理 - 社会システム	個人システムは，認知，感情等の心理システムと神経系，消化器系といった生物システムが相互に関連し合い，その個人システムは，家族，学校，職場，地域といった社会システムの下位システムとなっている。
生物 - 心理 - 社会モデル	心理的問題は，生物，心理，社会の各要素が関連し合って起きている複合的状況と理解し，それぞれの要素に関わる専門職が連携して総合的に問題解決に取り組むためのモデル。
多職種チーム	生物 - 心理 - 社会モデルに基づき，生物的側面に関わる医療職や看護職，心理的側面に関わる心理職，社会的側面に関わる福祉職や行政職などの多職種が，特定の問題解決を目的として形成したチーム。各職種が平等に協働することが特徴。
コンサルテーション	問題が社会的環境の影響を強く受けている場合には，介入の対象も問題の当事者だけでなく，その人の家族，知人，先生，同僚，上司等の関係者を支援することで問題解決を図るコンサルテーションが有効になる。

第 3 章

臨床心理学を学び，公認心理師になる

心理学に関する日本で初めての国家資格である「公認心理師」が，2015年公布の公認心理師法によって誕生しました。公認心理師を養成する教育カリキュラムも，全国の大学・大学院等で2018年度から始まっています。本章では，公認心理師という資格について理解を深めるとともに，公認心理師となって心理的援助の仕事をしたい人が行う学習や訓練にはどのような特徴があるのかについて学びます。

1 | 公認心理師とは何か

1 資格とは

「資格」とは，あることをするのに必要な，またはふさわしい身分や地位，条件のことであり，それを所持する人が十分な能力のもち主であることを示すものです。資格は，設置主体や根拠によって，①法的根拠をもち，国や国から委託を受けた機関が実施するもの（国家資格）と，②企業や民間団体が認定するもの（民間資格）があります。国家資格は，有資格者以外が携わることを禁じられている「業務独占資格」と，有資格者以外はその名称を用いて業務を行うことを認められていない「名称独占資格」があります。医師や弁護士の資格は業務独占資格に該当し，保育士や社会福祉士は名称独占資格に該当します。公認心理師は名称独占資格です。

名称独占資格に関わる分野の業務は資格がなくても行うことができるため，資格は業務の質を担保するものとなっています。心理的援助の業務に関わる公認心理師の資格も，きちんとした教育・訓練を経て試験に合格した者だけに資格を与えることで，援助を求める人やその家族が質の高い援助者を選ぶことに資するものとなっています。

2 公認心理師の仕事とは何か

公認心理師がどのような仕事をする人なのかということについては，公認心理師法第 2 条に定義されています（表 3-1）。

鶴（2018）によれば，1つ目は悩みがあって相談に来た人に，面接や心理

表3-1	公認心理師の定義ならびに業務内容（公認心理師法第 2 条）

第二条　この法律において「公認心理師」とは，第二十八条の登録を受け，公認心理師の名称を用いて，保健医療，福祉，教育その他の分野において，心理学に関する専門的知識及び技術をもって，次に掲げる行為を行うことを業とする者をいう。
一　心理に関する支援を要する者の心理状態を観察し，その結果を分析すること。
二　心理に関する支援を要する者に対し，その心理に関する相談に応じ，助言，指導その他の援助を行うこと。
三　心理に関する支援を要する者の関係者に対し，その相談に応じ，助言，指導その他の援助を行うこと。
四　心の健康に関する知識の普及を図るための教育及び情報の提供を行うこと。

検査を通して，悩みに関わる心理的背景や問題は何かを分析し，援助の方針や計画を立てる仕事です。2 つ目は実際にいろいろな心理療法や支援法を用いて，悩みが改善していくよう援助することです。そして 3 つ目は，悩みに苦しんでいる人だけでなく，その家族や学校の教師，勤務先の上司などの相談に応じることが必要となる場合に，その人たちと相談し，また助言や指導を行うことです。最後に 4 つ目として，国民の心の健康を維持・促進させるために重要な心の健康についての知識の普及に関する心の健康教育をすることが定められています。そしてこれら 4 つの業務を行う力を育むため，大学や大学院等で，教育カリキュラムが組まれています。

3　公認心理師にとって必要な能力とは何か

　公認心理師になるためには，大学や大学院で所定の科目を履修する必要があり，科目ごとに身につけるべき専門性は異なります。ここではそれらの科目全体を通じて身につけるべき能力について，公認心理師カリキュラム等検討委員会（2017）や鶴（2018）を参照しながら，概要を記します。
　第一に「職責」と「義務，倫理」があげられます。公認心理師は，国民の心の健康の保持増進に寄与するという責任を果たすうえで，秘密保持義務をはじめとする独自の倫理を理解し遵守する力をつける必要があります。それらを知識だけでなく，態度として身につけ，実践していくことになります。そして資格を取得した後も，自ら研鑽を継続して積むことが求められます。
　第二に「コミュニケーション力」と「連携・協働」があります。公認心理師は，支援の必要な相手に適切な支援を提供するため，本人はもちろん，家族や関係者，あるいは他の専門家と会う必要があります。そのため，相手を受け入れ，必要なコミュニケーションをとることができる力を要します。
　第三に多様な活動を展開していく力が求められます。心理相談は，公認心理師にとって中心的な業務ですが，それだけをしていれば良いということはありません。たとえば仕事を組織のなかに位置づけるためのシステムづくり，心の健康に関する情報提供を行うための講演会，連携先の専門家との情報交換，災

プラスα
必要な科目
公認心理師となるために必要な科目は公認心理師法施行規則で定められているが，公認心理師養成のための教育カリキュラムは大学・大学院ごとに異なっているため，進学先選択においてはよく調べることが重要である。

害や事故発生時の危機介入など，現場のニーズに合わせて臨機応変に行動を起こす必要があります。すなわち，公認心理師は総合的な支援の力を身につけておく必要があります。

4　公認心理師になるには

　図3-1は，公認心理師試験の指定試験機関である日本心理研修センターが，公認心理師の受験資格について整理したものです（心理研修センター，2018）。公認心理師資格を取得しようとする人がどのような学習過程を経ているかによって，8つの受験ルートが区分されています。

　区分A，Bは法施行日（2017年9月15日）以降に大学に入学する人の資格取得ルートで，「通常ルート」と呼ばれます。区分Aは大学院進学者のルート，区分Bは大学卒業後に実務経験を積んだ人のルートです。区分Bでは，国が指定する施設で2年程度の実務経験を積む必要があります（厚生労働省，2018）。区分CからGは法施行前に大学や大学院に在学中，もしくは卒業（修了）している人，実務経験を有している人の資格取得ルートで，「移行措置ルート」と呼ばれます。これらのルートは，法施行前にどのような学修状況であったか，あるいは実務経験を積んでいたかによって，区分が異なっています。

　以下では，「通常ルート」を想定しながら，臨床心理学を学んで公認心理師になる過程に特徴的な学習方法や，公認心理師となってからも学び続けることの重要性について説明します。

プラスα
国が指定する施設
区分Bに該当する施設は文部科学省令・厚生労働省令で定められており，最新の情報は厚生労働省のホームページで確認できる。

図3-1　公認心理師の資格取得方法について

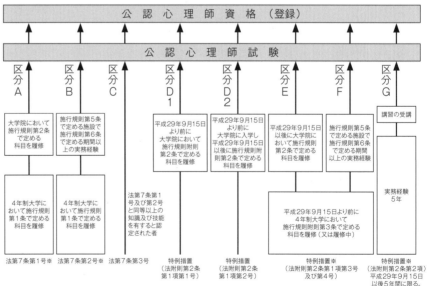

出所：日本心理研修センター，2018

2 臨床心理学を学ぶことと
公認心理師になること

１　臨床心理学の学習方法

　大学や大学院で行われる授業には，講義，演習，実習という３つの形態があります。心理的援助の実践活動が重視される臨床心理学においては，学習方法として多様な実習が考案されており，それらを通じて専門的援助者としての知識や技能を身につけていきます。具体的な方法としては，体験学習やシミュレーション学習，観察学習，事例検討，スーパービジョン，インターンシップ（現場研修）などがあります。

　これらのうち，体験学習とシミュレーション学習，観察学習の３つは，主に実践活動の基礎技能を習得する目的で，学習者が事例を担当する前に行われる実習です。ロールプレイや上級者をモデルとした観察が中心です。これに対して，事例検討とスーパービジョン，インターンシップの３つは，学習者が実際に事例を担当した後に行われる実習です。これらはより専門性と実践性が高く，臨床心理学に特徴的な学習方法となっていますので，以下で詳しく説明します。

２　事例検討

①事例検討会とは

　ある事例について，その経過を複数のメンバーで検討することを事例検討といい，事例検討のための集まりを**事例検討会**（ケース・カンファレンス）と呼んでいます。事例検討会の目的は，対象事例に対する見立てを洗練させたり，ケース・マネジメントの技能を習得したりすることにあります。「見立て」とは，クライエントの心理的問題を解決するための作業仮説であり，この作業仮説の形成を中心として実践活動を適切に運営していくのがケース・マネジメントです。実践活動の中核技能となる見立てとケース・マネジメントを，具体的な事例を検討することで学んでいきます。事例検討は，初学者のための実習としてはもちろん，長い実践経験をもつ援助職の間でも広く行われており，公認心理師にとっても重要な実習の一つといえるでしょう。

　初学者にとって，事例を見立てる方法やケース・マネジメントのさまざまな技能を習得するためには，多くの事例に接することが必要です。しかし個々の臨床場面の観察学習だけでは，事例の背景や経過を含んだ理解が難しい場合があるため，事例検討会で多様な事例に接することが重要な学習機会となります。

　また，ある程度実践経験を積んで初学者の段階を過ぎた人にとっても，事例

プラスα

事例検討会
事例検討会は必ずしも心理の専門職だけで行うものではない。公認心理師の活動が多職種連携を重視していることからもわかるとおり，事例に関係するさまざまな職種・専門の人々が参加して行われている。

表3-2	事例検討会の諸機能
学習機能	参加者の事例理解を深め，ケース・マネジメントの技能を習得・改善させる。
教育・評価機能	参加者のケース・マネジメントの技能を評価し，研鑽のための課題を導出する。
研究・発見機能	特定の事例を超えて，より普遍的・一般的な知見を導き出す。
方針共有機能	特定の相談援助機関において，事例経過の初期に見立てを検討し，援助方針を共有する。
連携強化機能	特定の相談援助機関において，定期的に事例を検討する機会をもつことにより，組織としての連携を強化する。

出所：下山，2004；原田，2007をもとに作成

の経過を見直す作業は事例についての有益な理解をもたらしてくれます。多くの場合，事例検討会では現在進行中の事例が検討の対象となりますが，事例を担当している本人（事例報告者）は，その事例についての理解が硬直的になりがちです。特定の見立てにこだわってしまったり，クライアントとの関係に巻き込まれて客観的な視点を失ったりする結果，事例の現実を柔軟に見直すことができなくなってしまうのです。事例検討会では，こうした状況を複数のメンバーの視点で読み込み，理解し直す作業を行えるので，多くの実践者にとって貴重な機会を提供します。

事例検討会がどのような機能を果たしているかについては，表3-2を参照してください。

②**事例検討における情報管理**

事例検討会で扱われるのは，架空の事例ではなく現実の，多くは現在進行中の事例です。そこにはクライアントとその関係者にとって重要な問題やプライバシーに関わる情報が数多く含まれています。したがって，プライバシーを保護する工夫と配慮は必須の作業といえるでしょう。事例報告に用いる資料を厳重に管理することはもちろん，資料作成時には固有名詞を記載しないようにするなどの工夫が行われます。また，対象事例のクライアントには，事例検討を行うことについて事前に了解を得ることが通例となっています。

③**効果的な事例検討会を行うために**

事例検討会は，複数のメンバーで1つの事例の経過を見直す議論に特徴があります。事例の理解について多様な可能性を見出し，より洗練された見立てを導くためには，自由で柔軟な議論を活発に行うことが重要です。事例の現実を既存のモデルや枠組みに押し込めてしまったり，多様な理解を制約したりするような，硬直的な運営にならないよう注意が必要です。

また，初学者が事例検討を通じて技能の習得・向上を目指す場合，短期的な参加ではなく継続的な参加が有効です。継続的に参加することによって，多くの事例と参加メンバーの多様な議論に接することができ，ケース・マネジメントを行うための「引き出し」を自分のなかに増やしていくことができるでしょう。

事例研究の公開
事例検討に基づく研究を事例研究というが，事例研究の公表においては情報管理とクライアントの了解が必須である。

3　スーパービジョン

①スーパービジョンの目的と形態

　臨床心理学分野で行われる**スーパービジョン**とは，自分が担当する事例について，経験豊富な上級者や指導者から継続的な指導や助言を受けることをいいます。スーパービジョンによって指導を受ける人をスーパーバイジー，指導する人をスーパーバイザーと呼び，基本的には 1 対 1 で行う面接の形をとります。

　スーパービジョンを行う目的は，学術的な知識（たとえば臨床心理学の知見や心理療法諸派の理論など）と実践現場で扱う個別的事例の橋渡しをすることにあります。理論や研究に基づく一般的知識は，必ずしもスムーズに個別の事例や特定のクライエントに適用できるものではありません。とりわけ初学者にとっては，文献や講義のなかでは示されなかったような要因を，知識の活用にあたってどのように考慮するかは難しい課題といえます。そこでスーパーバイザーは，事例についての報告を受けて内容を検討し，助言や示唆を与えます。

　さらに，スーパービジョンにおいては，事例の内容だけでなくスーパーバイジー自身にも焦点を当てます。スーパーバイジーが援助者としてどのような特性をもち，その特性がクライエントとの関係構築にどのような影響を及ぼしているかなどについて分析し，改善点を明らかにします。このように，スーパービジョンは個別の事例に関して問題や介入法の助言を受けることと，スーパーバイジーが援助者としての自分の特徴について理解を深めるという 2 つの側面をもっています。

　スーパービジョンの実施形態としては，1 対 1 の面接という形で行う以外に，複数のスーパーバイジーが同席してそこでのやり取りを観察するグループ・スーパービジョンという形式もあります。グループで行う場合，スーパーバイジーが互いの事例を学ぶことができるという利点があります。また，スーパービジョンと類似した実習としては，先に取り上げた事例検討会や，コンサルテーションがあります。**コンサルテーション**とは，進行中の事例に関する助言を経験者（コンサルタント）に仰ぎ，事例の問題解決を目指すものです。スーパービジョンでは通常一事例について継続的な検討を行いますが，コンサルテーションでは原則 1 回または数回で終了するところに違いがあります。

②スーパービジョンにおける発達のプロセス

　スーパービジョンによる学習を継続することによって，スーパーバイジーは援助者として成長していくことができます。ストルテンバーグ（Stoltenberg, 2005）は，スーパービジョンのモデルを考案し，そのなかでスーパーバイジーの発達段階を 3 段階に区別しています（表 3-3）。

<aside>

プラスα

近年のスーパービジョン

近年では電子メールやインターネットの通話機能を活用した非対面でのスーパービジョンも行われている。

プラスα

スーパービジョンをめぐって

ストルテンバーグはスーパービジョンにおける指導者（スーパーバイザー）と学習者（スーパーバイジー）の適合性も重視している。また，スーパービジョンが学習者に否定的な効果をもたらす場合があることを指摘する研究もあるので注意が必要である。

</aside>

| 表3-3 | スーパービジョンにおけるスーパーバイジーの発達の段階 |

レベル	特　徴
レベル1	新しいスキルを試みることに対して不安が高く，スーパーバイザーに具体的な指示を求める。
レベル2	セラピストとしての自信が高まるにつれて，焦点はクライアントの理解に移っていく。
レベル3	クライアントへの共感が高まり，与えられた状況のなかで自分のもつ知識をよく考えられるようになる。

出所：Stoltenberg, 2005をもとに作成

4　インターンシップ（現場研修）

　インターンシップとは，実践的な体験学習のなかでも特に臨床現場での研修を指します。心理的援助の専門技能だけでなく，援助を行う組織でのさまざまな実務を学ぶところに特徴があります。学習者は，上に述べてきたようないろいろな実習を通じて専門技能を習得していきますが，インターンシップでは実習機関で学習者自らが実践活動に参加するので，幅広い体験が可能になります。たとえば個人を対象にした援助のほかに，危機介入や**リファー技術**[*]，リエゾン機能，チーム援助などの援助技術や，書類作成，電話対応といった組織を運営するうえで必要な社会的技能を学ぶことができます。

　インターンシップでは，学習者は直接クライアントの援助に参加するので，研修前には基礎的な知識と技能を学んでおく必要があります。研修前に必要な学習としては，心理学全般および臨床心理学の基礎知識の習得，面接技能・コミュニケーション技能の学習，心理検査の学習，インテークの方法などがあげられます（下山，2003）。

　日本では心理的援助の専門職教育においてインターンシップが体系的に位置づけられていませんが，たとえばアメリカでは，12か月以上24か月未満のフルタイムの実習が，大学院教育のなかに位置づけられています(American Psychological Association, 2016)。

語句説明

リファー技術
リファー技術とは，クライアントに対してより適切な支援機関を紹介し，その機関への橋渡しを行うことである。

3　公認心理師として学び続ける

1　援助職の特質と援助者の自己理解

　心理的援助の専門家は，クライアントの人生の物語に共感的に耳を傾けつつ，その物語を客観的にも分析し，有効な介入方法を見出す作業を行います。この

表3-4	キャリア・アンカーの種類と内容
専門・職能別コンピタンス	特定の専門分野や職能分野で能力を発揮し，その能力を高めることに満足を覚える
全般管理コンピタンス	組織においてより高度で責任ある立場になることや，リーダーシップを発揮することを目指したい
自律・独立	自分のやり方やペース，基準を優先し，組織からは独立したキャリアを指向したい
保障・安定	安全で確実と感じられ，将来の出来事を予測できることを重視したい
起業家的創造性	新しい事業を起こし，創造的な衝動を満たしたい
奉仕・社会貢献	世の中をもっと良いものにする大義のために身を奉じたい
純粋な挑戦	不可能と思えるような障害を克服したり，より困難な問題に取り組んで解決したい
生活様式	生活様式全体が調和のとれたものとなることを優先したい

出所：シャイン，2003をもとに作成

ような作業では，時として共感性と客観性のバランスをとることが難しくなって混乱をきたし，援助者の業務に影響が及ぶ場合もあります。クライアントに対する反応として生じたと考えられるような援助者の感情や考えを「**逆転移**（countertransference）」といいますが，逆転移に無自覚なままクライアントと関わり続けると援助関係に否定的な影響が生じるとされており，注意が必要です（Corey & Corey, 1993）。また，クライアントとの関係において自己の感情をしっかりとコントロールする必要に迫られることから，心理的援助の仕事は「**感情労働**[*]」（Hochschild, 1983）であるということもできます。クライアントとの関係において問題のある状況に陥らないためには，クライアントに注意を払うだけでなく自分自身にも注意を向け，自己についての理解を深めておくことが大切です。自己理解の手がかりとしては，援助職を志した動機や職業的なアイデンティティの在りか，ライフサイクルにおける発達課題などが考えられます。職業生活において自己の拠り所となる価値観を**キャリア・アンカー**といいますが（シャイン，2003），クライアントを心理的に援助する仕事が自分にとっていかなる意味をもっているのかを考えてみてもよいでしょう（表3-4）。

2　援助者のメンタルヘルスとセルフケア

　心理的援助の仕事は，クライアントとの相互作用による疲労，とりわけ心のエネルギーの消耗をもたらす可能性があります。このような消耗への手当て（セルフケア）を怠っていると，疲労が積み重なって仕事への意欲や熱意さえ低下してしまうバーンアウトと呼ばれる状態が生じることもあります。**バーンア**

表3-5	バーンアウトの症状

情緒的消耗感	対人援助職従事者自身の仕事によって疲れ果てたという感情やもう働くことができないという気分
脱人格化	世話やサービスを受ける人たちに対する無情だったり，人間性を欠くような感情や行動
個人的達成感の減退	すべきことを成し遂げたという充実感が減退している気分

出所：田尾・久保，1996を一部改変

ウトは対人援助職で多く指摘される過度のストレス状態で，3つの症状で構成されます（表3-5）。バーンアウトに陥ることによって，援助者は離職や休職という個人的な危機に直面するだけでなく，クライアントへの援助の質を低下させてしまうという重大な影響を被る可能性があります。

　援助の専門職として仕事を続けていくためには，援助者自身に関するこうした知識およびセルフケアの技能も身につけていくことが必要です。つまり，公認心理師となった後も，学び続けることが重要なのです。

3　公認心理師資格に関連した情報

　公認心理師として活動を続けていくためには，公認心理師資格に関する最新の情報を定期的に確認しておくことが重要です。公認心理師法は文部科学省と厚生労働省との共管による法令ですが，本法令に関連した情報（法令，各種通知，受験資格，試験に関する情報など）は厚生労働省のホームページ（https://www.mhlw.go.jp/stf/seisakunitsuite/bunya/0000116049.html）に一括して掲載されています。

プラスα

公認心理師試験の詳細

厚生労働省のホームページのほかに，公認心理師試験の詳細については日本心理研修センターのホームページ（http://shinri-kenshu.jp）が情報提供を行っている。

公認心理師養成大学・大学院

公認心理師養成大学・大学院に関する情報は，たとえば野島一彦（2018）などで一覧を見ることができる。ただし今後新たに養成を始める大学・大学院が増えると予想されるため，最新の情報に注意し，各大学に照会するほうがよい。

考えてみよう

働く人のメンタルヘルスとセルフケアについて国が行っている啓発活動を，厚生労働省のホームページ「働く人のメンタルヘルス・ポータルサイトこころの耳」（http://kokoro.mhlw.go.jp/）で調べてみましょう。

本章のキーワードのまとめ

事例検討会	その事例がもつ問題や，事例に対する支援の経過を複数のメンバーで検討する集まりのことを事例検討会という。その目的は，事例の心理的問題を解決するための作業仮説を洗練させ，支援活動を適切に行うことである。
スーパービジョン	自分が担当する事例について，経験豊富な上級者や指導者から継続的な指導や助言を受けること。スーパービジョンでは，事例がもつ心理的問題を解決するための作業仮説や，具体的な支援のあり方などについて報告する。
コンサルテーション	事例に関する助言をコンサルタントに仰ぎ，事例の問題解決をはかるやり方のこと。スーパービジョンは，事例への支援が続いている間，継続的に実施されるが，コンサルテーションは原則1回か数回で終了する。
インターンシップ	実践的な体験学習のなかでも特に臨床現場での研修のことをこうよぶ。心理援助に関する専門的な技能だけではなく，援助を行う組織でのさまざまな実務を学ぶため，幅広い体験をすることができる。
逆転移	クライアントに対する反応として生じた援助者の感情や考えのこと。逆転移が起こること自体は問題ではないが，それに無自覚なままクライアントに関わり続けると援助関係に否定的な影響が生じるため，注意が必要である。
感情労働	顧客やクライアントに感情表出する際に特定のルールがあり，そのルールに沿った感情の管理が求められる労働のこと。たとえば，顧客に対し元気な笑顔で臨むべし，というルールに沿って接客する必要がある仕事は，感情労働である。
キャリア・アンカー	職業生活において，自己の拠り所となる価値観のことを指す。専門的な知識を発揮して日々研鑽することに重きをおいた価値観（専門・職能別コンピタンス）や，安定的な生活が維持されることを大切にする価値観（保証・安定）などがある。
バーンアウト	教師や看護師など対人援助職の人たちが陥りやすい問題である。情緒的消耗感という中核的な症状のほか，クライアントの人間性を無視したかのような振る舞いや仕事にやりがいを感じられなくなったりする。予防のために，セルフケアが重要である。

第Ⅱ部

臨床心理学の基本モデル

臨床の視点 ···

　19世紀から20世紀前半にかけて，心理支援の実践活動としてさまざまな学派の心理療法やカウンセリングが個別に開始されました。そのような実践活動の効果を科学的に検討する研究活動が行われるようになり，体系的な学問としての臨床心理学が成立しました。さらに効果研究によって有効性が実証された実践活動が社会的な専門活動として認められるようになり，臨床心理学は発展しました。第Ⅱ部では，心理支援の実践活動，科学的な研究活動，社会的な専門活動として発展した臨床心理学の歴史と，研究活動と社会的専門活動の特徴をみていくことにします。

第4章　臨床心理学の成り立ち

臨床心理学は，20世紀前半までに欧米で成立したさまざまな心理療法の集合体としてスタートし，現在ではエビデンスベイスト・アプローチに基づいて体系化された近代的な学問として社会的評価を得ています。日本でも公認心理師法成立に伴い臨床心理学の体系化が進み，心理職の社会的評価が高まることが期待されています。本章では，このような臨床心理学の発展の経緯を解説します。

●関連する章 ▶▶▶ 第1章，第2章

1 臨床心理学の歴史を学ぶにあたって

　臨床心理学に先立って成立したのが心理療法でした。19世紀の終わりの欧米社会で，**心理学の成立**とほぼ同時期に，宗教に代わって個人の心の癒しを提供する対処様式として心理療法が発展しました。

　臨床心理学の名称は，19世紀の終わりに米国のウィットマーによって初めて用いられました。しかし，20世紀前半までの臨床心理学は，さまざまな心理療法の集合体でした。そのような臨床心理学が学問として体系化されたのは，20世紀半ばの米国においてでした。科学者−実践者モデルを軸として，心理学の発展と心理療法の発展が統合され，実践科学としての**臨床心理学の誕生**を迎えたのです。その後，臨床心理学は，エビデンスベイスト・アプローチに基づくとともにさまざまな社会資源と協働し，コミュニティのメンタルヘルスを改善する専門活動として発展しています。

　日本においては，心理療法の集合体である“心理臨床学”が長い間主流でした。しかし，2017年に公認心理師法が施行となり，エビデンスベイスト・アプローチに基づく臨床心理学が新たにスタートしました。

　このように時代によって，また地域文化によって臨床心理学の状況は異なっています。そのため，どの地域文化の，どの時代の臨床心理学なのかによって，その臨床心理学の内容は異なっています。特に日本の臨床心理学は，世界と比較するならば，心理療法やカンセリングの影響が強い，特異な発展過程をたどっています。そこで，日本で臨床心理学を学ぶうえで知っておくべき留意点に関わる事例を示すことにしました。本章では世界と日本の臨床心理学の発展の歴史を比較することをとおして日本の臨床心理学の特徴と課題を考えてみましょう。

---

2 ｜ 臨床心理学が成立するまで

1　心理療法成立の時代・文化的背景

　心理療法と臨床心理学の成立のきっかけとなったのは，19世紀における
近代社会への移行でした。19世紀は，17世紀の西欧に端を発する自然科
学および資本主義の思想が近代科学および近代市民社会として発展し，完
成に近づく時期です。この近代化を背景として心理療法が生まれたのです。
したがって，心理療法は，19世紀後半に近代化が開始された欧米社会で発
生し，20世紀の近代化の進展とともに発展した活動として理解できます。

　では，近代化による心理療法の成立とはどのようなものだったのでしょ
うか。それを考えるうえで重要となるのが文化の側面です。あらゆる文化
は，その構成員がさまざまな問題を取り扱うことを可能にするような対処
様式をもっています。特に集団間や対人間の緊張状態，怒りや喪失の感情，
目的や意味への問いといった問題に対する固有の対処法を備えています。

　近代以前の伝統社会の対処様式として代表的なものは，宗教の儀式でし
た。祈りや告解，祈祷といった宗教的対処様式が人々を“癒すもの”とし
て日常生活の一部になっていました。ところが，宗教は，伝統的社会から
近代社会への移行にともなって，人々の対処様式としては役立たなくなり
ました。それを受けて心理療法は，伝統的な“癒し”の対処様式を産業社
会の価値やニーズに適合させて，近代社会において認められる対処様式と
して成立したのです（McLeod,1997）。

参照
心理療法
→1章

2　心理療法の出現（19世紀後半〜20世紀前半）

　この変容過程は，図4-1に示したように大きく 2 つの系譜をもつ流れ

図4-1　心理療法の起源

近代以前は，「自我」や個人の「心」という概念はなかった。
人々は，神話や宗教を支えにして地縁・血縁の共同体で生活をしていた。

●社会の近代化によって，共同体が崩れ，個人主義となり，人々は自己の心のコントロールを求められるようになった。

●その心のコントロールを支援するための専門家が，バラバラと生まれた。しかも，個性の強い創設者によって学派として提唱された。

心理療法の学派の代表的な2つの系譜

□伝統的・地域的方法を活用：催眠術➡精神分析療法（主観性）

□近代的・科学的方法を開発：行動主義➡行動療法（客観性）

となって発展しました。1つは，過去の古い文化的伝統における癒しの形態が発展して心理療法になったという経緯です。もう1つは，科学の発展が心理学や精神医学の発展につながり，それが心理療法という新しい形態の介入法や治療法の発明につながったという経緯です。このような経緯によって近代社会で浸透した"進歩"や"発展"という枠組みに合致する，感情や行動の問題への対処様式として心理療法が成立し，発展したとみることができます。

このような2つの経緯は，さまざまな種類の心理療法（カウンセリングを含む）の成立と発展につながりました。図4-2は，心理療法の代表的な理論の成立を年代順に整理したものです。精神分析療法やクライアント中心療法は，催眠術やキリスト教などの伝統的な文化における癒しの形態が発展して心理療法やカウンセリングになるという動向のなかで成立したものです。それに対して，図4-2の向かって右側にある精神物理学は，近代の新たな科学的発展のなかで成立したものです。これが心理学の発展，そして行動療法や認知療法につながりました。重要な理論や療法については本書の各章で詳しく紹介します。

3　心理療法の各学派の特徴

心理学の起源は，1879年のヴント（Wundt, W.）による心理実験室の創設とされています。これからわかるように心理学は，自然科学として物体の法則を研究する物理学をモデルとして，自然科学の方法論に基づいて「心」を研究する学問として成立しました。

心理療法のさまざまな理論の成立にあっても，このような「心」を研究する時代精神が大きな影響をもっていました。具体的には「心」をどのようにとらえるのかの違いが心理療法やカウンセリングの学派の違いとなりました。「心」を自我，イド，超自我の構造とし，意識と無意識のメカニズムとしてとらえようとした精神分析療法，「心」を観察可能な客観的行動として理解しようとした行動療法，あるいはあくまでも個人の主観的世界を「心」として理解しようとしたクライアント中心療法等々があります。

自然科学と同様に心理療法のさまざまな学派の成立の契機となったのが，近代市民社会の発展です。社会のなかで暮らす人間の心に関与する心理療法に

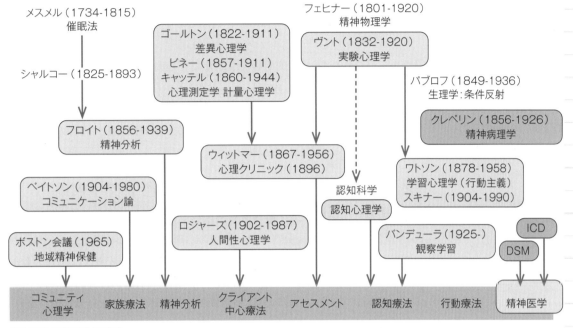

図4-2　各心理療法の学派から臨床心理学へ

出所：下山,2010をもとに作成

あっては，心と社会の関係をどのようにとらえるのかも重要な理論成立の契機となりました。「心」を社会から切り離された個人との関連で位置づけるか，それとも社会的コンテクストのなかに位置づけるかによってさまざまな学派の違いが生じました。「心」を個人との関連で考える学派とは異なり，家族システムとの関連を重視する家族療法，そして地域の社会的環境を重視するコミュニティ心理学は，「心」を社会的コンテクストのなかに位置づけていく学派です。

3 ｜ 臨床心理学の成立

1　臨床心理学の起源（1896年）

　上述したように近代化の過程でさまざまな心理療法の各学派がバラバラと成立し，発展してきました。図4-2に示したように心理療法各学派に，心理測定学で示される心理的アセスメントの方法が統合されることで**臨床心理学の成立**がなされることになります。しかし，心理療法から臨床心理学への統合は，簡単に達成されたわけではありませんでした。

　臨床心理学という名称は，**ウィットマー**（Witmer,L.）によって用いられたの

プラスα

心理測定学

心理に関するさまざまな現象を数値化してとらえて科学的研究の対象とすることを目的とした学問。

プラスα

臨床心理学の成立
成立と発展の経緯については『臨床心理学をまなぶ①これからの臨床心理学』（下山, 2010年）に詳しい（参考文献参照）。

ウィットマー
ウィットマーの恩師は, 個人差を測定する精神検査を開発して心理測定学を発展させたキャッテル（Cattell,J.M.）である。キャッテルは, 心理学の創始者であるヴント（Wundt,W.）の下で博士号を取得し, 相関法の創始者であるゴールトン（Golton,F.）にも学んでいた。また, ウィットマー自身もヴントの下で博士号を取得している。このような経緯からもわかるようにウィットマーの心理クリニックは, 実験心理学や差異心理学で得られた"心"に関する科学的知見を, 知的障害や学習困難の児童の診断と矯正教育に適用したものであった。

参照

精神分析療法
→8章

語句説明

投影法
あいまいな刺激を与え, それにどのように反応するかをみることでその人のパーソナリティの特徴を評価する検査法。

参照

クライアント中心療法
→7章

が最初です。彼は, 1896年にペンシルバニア大学に心理クリニックを開設するとともに米国心理学会（APA）の年次総会で初めて"臨床心理学"という語を用いて講演を行いました。これが, **臨床心理学の誕生**といわれる出来事です。

ウィットマーの心理クリニックは, 実験心理学や差異心理学に基づく心理測定学から得られた"心"に関する科学的知見を知的障害や学習困難の児童の診断と矯正教育に活用したものでした。このことからもわかるように当初の臨床心理学は, 科学的な志向性の強い心理学の系譜にある学問として成立しました。しかも, 近代化や科学の発祥の地であるヨーロッパではなく, 当時の新興国であった米国によって成立しました。

2　心理療法集合体としての臨床心理学（20世紀前半）

臨床心理学の発展には, **精神分析療法**の発展が大きく関わっていました。1909年にフロイト（Freud,S.）は, 米国の心理学者ホール（Hall,G.S.）に招かれてクラーク大学で講演をしています。その後, 精神分析療法は心理力動論（psychodynamics）として米国の臨床心理学に取り入れられ, 臨床心理学における影響力は, ウィットマーの心理測定学をしのぐようになりました。また, 精神分析療法は, ロールシャッハ・テストやTATなどの**投影法**[*]の開発にもつながり, 心理的アセスメントの領域にも大きな影響を与えました。

精神分析学の影響力に対して, 臨床心理学は精神分析療法からの影響を排して客観性や科学性に重点を置くべきだと主張したのが**行動療法**でした。1920年にワトソン（Watson,J.B.）は, ロシアのパブロフ（Pavlov,I.）が見出したレスポンデント条件づけの原理を行動異常に適用した例を報告し, これが行動療法の起源となりました。1950年代初期にオペラント条件づけの原理を適用して精神病者の行動変容を目指していたスキナー（Skinner,B.F.）によって行動療法の定義がなされ, それが発展の契機となりました。

また, 1940年代にロジャーズ（Rogers,C.R.）の**クライアント中心療法**が新たな介入法として注目されました。1940年代から1970年の終わりまでに**家族療法**, **コミュニティ心理学**, **認知療法**など, さまざまな介入方法が提案され, 臨床心理学の介入技法として取り入れられ, 多様な心理的アセスメント技法や介入技法を含む新たな実践の学問として臨床心理学が形づくられていきました。

3　専門活動としての臨床心理学の成立（20世紀半ば）

1986年に臨床心理学という用語が初めて用いられました。しかし, 20世紀の前半までの臨床心理学は心理療法の各学派, 心理療法の私的な学派活動の集合体としての位置づけにとどまっていました。なぜならば, 人間の心や行動をどのようにとらえるのかの立場の違いから, 心理学内においても心理療法の各学派間においても, 図4-3に示す対立が生じていたからです。したがって,

各学派間の対立が統合に向かうための時期が必要でした。

　まず，心理学は心を科学的に"研究"する学問とすべきという学派と，心理的問題を解決する"実践"の学問とすべきという学派の対立がありました。これは，心理学内部の対立です。また，問題解決の方法として，人間の主観や内省を重視する精神分析療法の学派と，客観的行動を重視する行動療法の学派の対立がありました。これは，臨床心理学内部の，古くからの対立です。

図4-3　心理学に関する対立

●心や行動をどうとらえるかで対立が生まれる

1）心の「臨床」VS「科学」
⇒ 実践系と研究系の対立

2）「主観」（精神分析系）VS「客観」（行動療法系）
⇒精神分析と行動療法の対立

3）「個人」VS「社会」（家族療法・コミュニティ心理学）
個人内の心の動きで行動が決まるのか，人間関係や社会
（コミュニティ）との関連で行動が決まるのかで対立

さらに，心理的問題を個人の問題としてみるか，社会的関係の問題としてみるかによっても学派間の対立が生じてきました。これは，臨床心理が内部の，比較的新しい対立です。このように学派間のさまざまな対立が存在したため，臨床心理学が１つの一貫した学問体系として成立するのは20世紀後半を待たなければいけませんでした。

　第二次世界大戦以前は，米国にあっても臨床心理学が統一した専門活動として十分には認知されていませんでした。第二次世界大戦後，戦場からの帰還者に多数の**戦争神経症***がみられ，しかも既存の医療職だけでは対応しきれなかったため，退役軍人会が患者の治療を担当する者として臨床心理学の専門職の採用を決定しました。それが，社会制度として臨床心理学が認知される最初の契機となりました。この時，世界で初めて臨床心理学が専門活動としての体制を整えることが社会的に要請されたわけです。

　1945年にはコネチカット州で**心理学者を認定する最初の法律**が，1946年にはヴァージニア州で臨床心理職を認定する最初の法律が制定されました。1949年には，米国心理学会が中心となってコロラド州ボルダー（Boulder）で大学院の訓練プログラムに関する会議（**ボルダー会議**）を開催し，そこで**科学者－実践者モデル**（scientist-practitioner model）の採用を決定しています。これは，心理学博士号と１年間のインターンを臨床心理士の資格取得の前提条件とするものでした。1953年には米国心理学会は，倫理基準を公にしています。

　このように第二次世界大戦の終了から10年の間に米国では，臨床心理学を専門活動として社会制度のなかに組み入れる基本的枠組みを確立し，臨床心理学が専門活動として発展する基礎を確立したわけです。

4　実践科学としての臨床心理学の発展（20世紀後半）

　さまざまな心理療法の統合に向けての動きが促進された背景には，臨床心理学が社会に対する**説明責任**（accountability）を求められるようになったこと

参照

家族療法
→11章

コミュニティ心理学
→12章

認知療法
→10章

語句説明

戦争神経症
戦争で死に直面するなどの悲惨な経験をし，それが心的外傷体験になり，現在のPTSD（心的外傷ストレス障害）の症状を示している状態。

プラスα

心理学者を認定する最初の法律
米国コネチカット州の心理士法（表4-1）参照。

図4-4　欧米における臨床心理学の発展

● 第二次世界大戦後　戦争神経症の治療として有資格の心理職が必要となる⇒学派の統合の必要性

● 科学者（Scientist）- 実践者（Practitioner）モデル導入（1949）

↓

● アイゼンクの心理療法の効果に関する問題提起（1952）「心理療法って，本当に役立っているの？」

↓

効果研究⇒エビデンスベイスト・アプローチ
有効性を基準とする心理療法の序列化

↓

研究と実践，科学と臨床の統合

プラスα

アイゼンクの論文

このアイゼンクの論文に関連して起きた論争が1つの契機となり，多数の効果研究の結果を統合し，介入群と統制群の差異を標準化して効果サイズとして示す統計的手法としてメタ分析が提案された（Smith & Glass,1977）。

参照

ランダム化比較試験

→5章

がありました。つまり，心理療法は本当に役立っているのか否かをしっかりと説明する責任が意識されるようになったのです。

その先駆となったのが，アイゼンクの論文（Eysenck,1952）に掲載された見解に端を発した論争でした。アイゼンクは，多数の文献をレヴューし，心理療法による神経症の治癒率（精神分析療法で45%，他の心理療法で64%）は自然治癒率（72%）を下回るとして心理療法（主に精神分析療法）の効果に疑問を呈しました。それに対して自然治癒率は30%前後といった反論が出され，論争となりました。

1980年代に入ると米国精神医学会の精神障害の診断分類（DSM）の第3版であるDSM-Ⅲが登場し，治療の有効性について根拠に基づく実証的議論，つまり**エビデンスベイスト・アプローチ**の必要性に関する認識が高まりました。

このようなエビデンスベイスト・アプローチは，臨床心理学の発展過程に大きな影響を及ぼすことになりました。それまでは，創始者の偉大さや理論の正当性をより所にして「どの学派の心理療法が有効か？」といった議論が学派間でなされていました（**心理療法の効果論争**）。しかし，効果研究のエビデンスに基づくことで，それがいかに無益な論争であるのかが明らかとなりました。その後は，「どのような問題（症状）には，どのような介入法が有効か？」をリサーチ・クエスチョンとして，エビデンスベイスト・アプローチに基づいて個別の問題に有効な介入法を探る臨床研究が盛んに行われるようになったのです。

効果研究の結果，多くの精神症状や心理的問題に対して**認知行動療法**の有効性が確認されました。その結果として，1980年代以降，英米圏の国々では認知行動療法を軸として心理療法の序列化がなされ，臨床心理学の統合と体系化が進みました（Marzillier & Hall,1999）。以上の経過をまとめたのが図4-4です。

5　臨床心理学の現在

20世紀後半になると臨床心理学領域では，対象者に心理的介入を実施する群と対照群とにランダムに割り当てて，介入効果を検討する**ランダム化比較試験**（Randamaized Controlled Trial：RCT）が盛んに行われるようになりました。

米国心理学会の臨床心理学部会では，蓄積されてきたエビデンスに基づいてさまざまな問題ごとに効果的とされる介入法を整理して示す作業を1992年に

開始し，1998年には合計71の介入法を提示し，その後も改訂されています。英国でも同様の活動として，あらゆる臨床介入に関して，その効果を誰にでもアクセスできるような形で伝えることを目的としたコクラン共同計画（http://www.Cochrane.org）が進んでいます。コクラン共同計画では，心理的介入の効果のエビデンスが蓄積されてきており，現在でも改訂が続いています。

　このように臨床心理学の統合に向けた動きにおいては，実証性が1つの軸になっています。しかし，実証性が重視される場合，実践的有効性は科学的な評価を行う専門家によって判断されることになり，利用者であるクライアントの声が臨床心理学の活動に反映されないとの批判も生じてきています。そこで，実証性重視とは異なる方向として，1980年代後半から1990年代にかけて**社会構成主義***（social constructionism）などの革新的なパラダイムが提案されました（Lewelyn & Aafjes-Van Doom, 2017）。

　その影響もあり，ブリーフ・セラピー，ナラティブ・セラピーといった新たな介入方法を探る動きも活発化し，臨床心理学で用いられる理論モデルは多様なものとなってきています。たとえば，人間の現実は実体として存在するものではなく，人々の相互の交流をとおして社会的に構成されるという社会構成主義のパラダイムに基づく心理支援技法の統合が模索されつつあります。そこでは，臨床心理学の活動は，クライアントの語りを尊重するという点でクライアントと心理職の協働作業となる点が強調されます。それに加えてクライアントの問題解決を援助するためにさまざまな社会的資源が協働して新たな社会的現実を統合的に構成していくことが目指されています。

語句説明

社会構成主義
現実は社会的に構成されていると主張する考え方。つまり，社会における現実は，人間の主観から独立して存在するものではなく，会話を通じて現実と個人とが相互に影響を与え合う循環的な関係によって構成されているとする立場。

参照

ナラティブ・セラピー
→13章

4 ｜ 日本の臨床心理学の混乱と発展

　ここまでは，欧米を中心とする世界の臨床心理学の発展の経緯をみてきました。ここからは，日本における臨床心理学の成立から発展に向けての動きをみていくことにします。日本の臨床心理学の歴史は，世界の臨床心理学の発展を後追いしながらも，さまざまな対立や混乱を含む独自の展開をみせています。

1　第1期：臨床心理学の成立（1945-1969）

①米国のカウンセリングの移入（1945-1962）

　戦後の，一連の米国文化の流入とともにカウンセリングの思想が日本に入ってきました。戦前は，実験心理学が中心であった日本の心理学にとって，カウンセリングの発想は米国流の民主主義を代表する考え方であり，新鮮な驚きを伴って受け入れられました。この時点では米国においても，心理療法とカウン

セリングと臨床心理学の明確な分化はまだなされていませんでした。そこで，日本の心理学者の多くは，カウンセリングを米国の臨床心理学を代表する考え方として学んだのです。

②臨床心理学活動の組織化の開始（1962-1969）

　1964年には**日本臨床心理学会**が設立されました。学会の目標は，米国にならった心理職の国家資格化でした。それぞれの学派が交流しつつ日本の臨床心理学の発展を進めていくことが目指されていました。

2 　第2期：臨床心理学の混乱と再興（1969-1988）

①資格をめぐっての対立と混迷（1969-1973）

　ところが，この組織化の時代は，短期間で終わりを迎えることになりました。1960年代後半頃の，既存の権威に対する青年の抗議運動の世界的な流行のなかで，臨床心理学会内部の若手会員を中心とした指導部批判による混乱が起きました。対立の先鋭化の要因の一つに「米国の臨床心理学にならって会員を国家資格保有者として認定する」という資格化の是非があり，若手会員と指導部との対立はより深まっていきました。若手会員は，精神病患者などの社会的弱者を援助する者は，国家資格といった社会的権力や権威と一線を画すべきであると主張したのです。議論は紛糾し，学会は解体状態となりました。

②組織化に向けた各地区の教育体制の基礎固め（1973-1988）

　その後，学会の対立や混迷から比較的自由であった関西や九州のグループがリーダーシップをとり，個人心理療法に関心をもつ人々の再集合が目指され，1982年には新たに**日本心理臨床学会**が設立されました。

3 　第3期：臨床心理学の社会化に向けて（1988-2001）

①認定臨床心理士による専門活動の開始（1988-1995）

　1988年に日本臨床心理士資格認定協会が発足し，「臨床心理士」の認定を始め，1989年には，認定臨床心理士の団体として日本臨床心理士会が設立されました。阪神淡路大震災における臨床心理士の活躍，学校におけるいじめや自殺への対応としての臨床心理士への期待，さらにはエイズをはじめとするターミナルケアへの臨床心理士の参加等にみられるように社会の側が心理援助の専門活動を求める時代が来ました。心理職への社会的要請に応えるためにも，心理支援の専門活動を支える社会的な組織と制度の整備が求められるようになりました。

②社会的認知に基づく臨床心理学の活動の展開（1995-2001）

　教育領域においては1995年に文部省の「スクールカウンセラー活用調査研究委託事業」が全国の小中高の154校を対象として開始され，その9割に臨床心理士が採用されました。その後，スクールカウンセラー活用調査委託事業

プラスα

日本の臨床心理学

筆者の意見として，日本の臨床心理学，すなわち「心理臨床学」は次のような特徴があると考えている。心理臨床学においては，臨床実践の方法として，心の内的世界の探求を目指す個人的心理療法が重視された。研究の方法論として，心理療法の事例研究が重視された。心の内界が重視された背景には，1960年代～1970年初めの臨床心理学会の対立は，社会との関係を重視したことによって生じたとの反省があった。そのため，心理臨床学の視線は，「社会から個人へ，そして内的世界へ」というように，社会的現実から離れて，心の内へ内へと向かうことになった。その方向で日本心理臨床学会がまとまり，個人の主観的世界を重視するカウンセリングや心理療法に関心をもつ多くの人々が参加し，組織化されていった。

の予算と規模は毎年増加していきました。1996年より臨床心理学の実践教育システムが整っていると確認された大学院の修士課程修了者が臨床心理士資格試験の受験資格を得ることができる「大学院指定制」が導入され，臨床心理学教育の質的向上が目指されました。2001年度から全国のすべての公立中学校への**スクールカウンセラー**を漸次導入することが正式に決定しました。

4　第4期：臨床心理学の社会的展開（2001-現在）

①二資格一法案の挫折（2001-2009）

　臨床心理士の社会的な活躍にともなって，臨床心理士の国家資格化の問題は，2000年代に入って重大な局面に立つことになりました。心理職を医療領域にどのように位置づけるのかという問題がテーマとなったのです。

　心理職を"医師の診療補助職でよしとする立場"と"医師の診療補助職を拒否する立場"の両者が対立し，それぞれに政治家も参加して交渉が重ねられることになりました。2005年には妥協が図られ，臨床心理士と医療心理師の両資格を認める「臨床心理士及び医療心理師法案要綱骨子」（いわゆる"**二資格一法案**"）がまとめられました。しかし，医療関係者からの異論が出て国会提出は見送られました。

②公認心理師法の成立（2009-現在）

　二資格一法案の議論をとおして心理職と医療との意見対立，さらに心理学の内部においても医療との関係をめぐっての意見対立が先鋭化しました。そこで2009年には意見の異なる人々がそれぞれの団体を形成し，意見調整の交渉を開始しました。2011年には心理職の国家資格化を求める「3団体要望書」が出され，2014年6月に「公認心理師法案」が衆議院に提出されましたが，衆議院の解散によって廃案になりました。

　2015年7月に「公認心理師法案」は衆議院に再提出され，同年9月に国会で可決され，成立しました。2017年9月15日に**公認心理師法**が施行され，同年11月に指定試験機関として日本心理研修センターが指定されました。2018年に第1回国家試験が行われ，それによって心理職の国家資格である公認心理師が誕生しました。以上の経過をまとめたのが表4-1です。

語句説明

二資格一法案
臨床心理士と医療心理師という2種類の資格を一つの法案で規定することが目指されたため，このような名称となった。

表4-1　日本の心理職の国家資格化の歴史

1945年	米国で心理士法（コネチカット州）の成立
1960年	心理技術者資格認定機関設立準備委員会
1964年	日本臨床心理学会が設立
1969年	日本臨床心理学会の資格問題をめぐる紛糾
1971年	日本臨床心理学会の実質的解体
1982年	日本心理臨床学会が設立
1988年	日本臨床心理士資格認定協会が発足
1995年	スクールカウンセラー活用調査研究委託事業開始
2001年	スクールカウンセラー公立中学への正式導入
2005年	二資格一法案（臨床心理士 VS 医療心理師）の見送り
2013年	日本心理研修センター設立
2015年	公認心理師法成立（←55年間の悲願成就）

5 | 臨床心理学の未来に向けて

　世界の臨床心理学は，さまざまな心理療法の集合体から，科学者－実践者モデル，そしてエビデンスベイスト・アプローチを経て体系的な実践科学として成立し，発展してきています。それに対して日本では，心理療法の各学派の統合と，臨床心理学の体系化が進まない事態が続いていました。そのような事態を打破することを目指して公認心理師法が成立し，施行となりました。

　ただし，まだ解決しなければならない問題もあります。たとえば，世界標準の臨床心理学と公認心理師の専門性や社会的地位の違いに，その問題は表れています。第1章でも指摘したように世界の臨床心理学が博士課程修了を前提とした高度の専門職となっているのに対して，日本の公認心理師は学部卒でも受験資格があるというものとなっています。その結果，日本の公認心理師のカリキュラムでは多様な知識と技法を学部で学ぶことが必要となっています。このような状況のなかで本来の臨床心理学の成立に向けて日本の心理職が取り組まなければならない問題は多いといえます。

　しかし，公認心理師の制度がスタートしたことで，心理学内部や心理療法の各学派の対立を解消し，臨床心理学に基づいて心理職の専門性を高めていく動きが出てきています。その点で日本の臨床心理学には，明るい未来がひらけているといえます。

考えてみよう

日本において，臨床心理学とは異なる特徴をもつ「心理臨床学」が発展したのは，どのような歴史的経緯があったのでしょうか。

🪶 本章のキーワードのまとめ

心理学の成立	心理学の起源が 1879 年のヴントによる心理実験室の創設とされていることからわかるように，心理学は自然科学として物体の法則を研究する物理学をモデルとして，自然科学の方法論に基づいて「心」を研究する学問として成立した。
臨床心理学の誕生	1896 年にウィットマーは，ペンシルバニア大学に心理クリニックを開設するとともに米国心理学会（APA）の年次総会で初めて"臨床心理学"という語を用いた講演を行った。これが，臨床心理学の誕生といわれる出来事である。
ボルダー会議	1949 年に，米国心理学会が中心となってコロラド州ボルダーで大学院の訓練プログラムに関する会議を開催し，そこで科学者 - 実践者モデルの採用を決定した。
心理療法の効果論争	アイゼンクは，心理療法による神経症の治癒率は自然治癒率を下回るとして心理療法（主に精神分析療法）の効果に疑問を呈した。それに対して反論が出され，論争となった。
日本臨床心理学会	米国にならって心理職の国家資格化を目指して 1964 年に設立された。しかし，心理職資格化と権力との関係をめぐって指導者と若手会員の対立が生じ，1970 年代には解体に近い状態となった。
日本心理臨床学会	日本臨床心理学会の対立や混迷から比較的自由であった関西や九州のグループがリーダーシップをとり，個人心理療法に関心をもつ人々の再集合が目指され，心理職の新たな団体として 1982 年に設立された。
スクールカウンセラー	1995 年に全国の小中高の 154 校を対象として開始され，その 9 割に臨床心理士が採用された。2001 年度から全国のすべての公立中学校へのスクールカウンセラーを漸次導入することが正式に決定した。
公認心理師法	2015 年 7 月に公認心理師法案が国会に再提出され，同年 9 月に可決・成立した。2017 年に公認心理師法が施行され，2018 年に第 1 回国家試験が行われた。

第 5 章

実践だけでなく，研究も学ぶ

> この章では，より良い臨床心理実践とはどのようなものなのかを判断するためにどうしたらよいのかを考えます。そのための材料を生み出すのが研究という行為です。研究を行ってサービスの質を判断する実際について，ランダム化比較試験（RCT）というタイプの研究を例にとって解説します。科学者－実践者モデルという枠組みから，臨床心理実践における研究の重要性を学びます。
>
> ●関連する章 ▶▶▶ 第1章, 第2章

1 より良い臨床心理実践をどのように判断するか

1 臨床心理サービスとその値段

　私たちの生活のなかでは，買い物をするためにものを選ぶ場面がたくさんあります。いつも買うものなら迷いませんが，初めて買うもの，あまり使ったことのないもの，同じような商品で複数の銘柄があるものは，どのようにして選ぶでしょうか。お金を出して買うので，より良いものやサービスがほしいですよね。私たちが勉強している公認心理師の活動も，臨床心理学をベースとしたサービスの一つです。たとえば，開業して相談室をもっている公認心理師の場合は，相談したい人（クライアント）が相談室を訪れ，相談料金を払って相談サービスを受けます。

　みなさんには，小学校，中学校，高校に来ていたスクールカウンセラーへの相談がなじみ深いでしょう。児童・生徒がスクールカウンセラーに相談するのは無料なので，サービスを選んで買ったわけではないと思われるかもしれません。スクールカウンセラーの場合は，公共性の高い活動とされているので，国や地方自治体が選び，私たちの税金からお金を出しています。そのため利用者は無料で相談できるのです。別の例としては，大学や会社でも相談室をもっていることがあり，多くの場合は相談が無料です。このような相談員は，大学や会社が選び，お金を支払っています。これも，学生のみなさんが払った授業料や，社員が生み出した利益の一部から支払われていることになります。

　また，医療機関でのサービスは，全額自己負担の相談と，無料の相談との中間の形式になっています。私たちは病院や診療所を選んで通院することができ

ますが，そこで受けるサービスは国民の健康
維持のために必要なことですから，一部は保
険料という公共のお金でまかなわれています。
残りのお金（たとえば 3 割）を利用者であるみ
なさんが医療機関に支払います。ただしこの
保険料はもともと国民が納めているお金であ
り，お金を支払う価値のある医療サービスを，国が慎重に選ぶ必要があります。

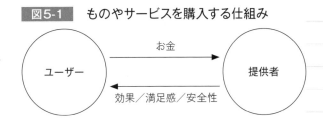

図5-1　ものやサービスを購入する仕組み

　私たちがものやサービスを買うときの仕組みは図 5-1 のようになっていま
す。そして公認心理師のサービスも同じ仕組みで提供されます。サービスとし
て利用者や国などから選ばれることになりますが，そのときに，効果があるか
どうか，満足感が得られるかどうか，安全かどうかなどが重要になります。

2　臨床心理サービスの選び方

　買い物をするとき，慎重に，正確に，エネルギーをかけて選ぼうとするのは，
おそらく値段が高いとき，そして買うものがとても重要なときです。高い買い
物の場合はもちろんなのですが，買うものが重要なときには，たとえ安くても
慎重に選びます。たとえばダイエットをしているときに，おいしくないもので
カロリーを摂ってしまうのは大打撃です。コンビニや学食で，カロリーや満足
感をあれこれシミュレーションして，予算内で組み合わせを考えて買うでしょう。

　安全性は，一番の注目ポイントではないかもしれませんが，いつでも大事な
ことです。個人情報が流出しそうなソーシャルゲームや，今にも倒産しそうな
銀行は，利用したくないと思うでしょう。

　さて，臨床心理相談を選ぶときはどうでしょうか。臨床心理相談は，どちら
かというと，慎重に，じっくり選ばなければいけないものといえるでしょう。
まず値段は高いです。無料の相談や医療機関での相談を利用しているときはあ
まり意識しませんが，専門性の高い公認心理師が，多くの場合マンツーマンで
対応するので人件費がかなりかかっています。そして利用者にとってのサービ
スの重要性も高いです。公認心理師のような専門家のところに相談に行くのは，
自力での対処が難しいと感じたときです。たとえば学校や会社に行けなくなっ
たとか，家族関係に深刻な問題があるなど。このような問題を解決しないまま
にしておくと，とてもつらいですし，本人の将来に重大な悪影響が生じること
になります。臨床心理相談が扱う内容は，クライアントの健康に大きく関わる
ことが多く，安全性も非常に重要です。

　このように臨床心理サービスは，慎重にエネルギーをかけて選ぶ必要があり
ます。もし自分が相談するなら，現状で手に入る一番良いものを選びたいと思
いますが，さてどのように選んだらよいのでしょうか。

　本章では，より良いものを選ぶために研究が必要であることを説明していき

たいと思いますが，買い物の例としては日焼け止めを，臨床心理サービスの例としては不登校の子どものための教育相談をあげてみます。

　商品やサービスのイメージ（もしくはイメージキャラクターなど）で選ぶ，口コミを参考にする，実際に一度自分で試してみるなど，選び方にはいろいろあります。ここでは信頼している人からおすすめされたという場合を考えてみます。

■事例 1　日焼け止めを買いたい萌さん

　大学生の萌さんは友だちとプールに行くことにしました。日焼けをしたくないので，なるべく強力な日焼け止めを買おうと思っています。ドラッグストアでよく見かけるのは，日焼け止めAと日焼け止めBですが，どちらを買ったらよいかわかりません。友だちの意見を聞いてみると「日焼け止めA使ってみたけどよかったよ！」と言われました。萌さんはその言葉を信じ，日焼け止めAを買って使ってみることにしました。

　さて，日焼け止めBに比べて，日焼け止めAはより良い商品なのでしょうか？　本当にそうかもしれませんが，一方，心配性な人であればいろいろな迷いが生まれてくるでしょう。

　友だちは珍しい体質でたまたま合っていたみたいだけれど，他の多くの人には日焼け止めBのほうが効果があるんじゃないか。友だちは日焼け止めAを使ってよかったと言っていたけど，もし日焼け止めBを使っていたらAよりもずっとよかったかもしれない。実は友だちが同時期にたまたま摂っていたビタミンCのサプリが効いたのであって，日焼け止めの効果ではなかったのかもしれない。友だちはとても肌が強いタイプだけど，他の多くの人は日焼け止めAを使うと肌が荒れてしまうのではないか。友だちは，日焼け止めAのCMに出ているタレントが大好きだから，効果があったと錯覚しているのではないか。友だちは日焼け止めを塗るのがとても上手だったからどの日焼け止めを使っても日焼けしなかったけれど，萌さんが塗ったらあまり上手ではないので効果が薄いのではないか。

　このような心配がなくならない限り，日焼け止めAのほうが良い商品であると決めることができません。

■事例 2　不登校の子どもと教育相談

　侑樹さん（10歳女児，小学校 5 年生）は，ちょっとしたクラスの人間関係トラブルの後，学校に行けなくなってしまいました。親は，不登校のことで相談に連れて行こうと思いましたが，通える範囲にA療法をやっている相談センターと，B療法をやっている相談センターがあり，どちらに連れて行くか迷いました。

　不登校のお子さんをもつママ友だちの話を聞くと「A療法はとてもよかったよ，娘の里奈はしばらく通ったら学校に行けるようになった」と言っていたので，侑樹さんの親も，A療法を試してみることにしました。

　こちらの例については，どう考えるでしょうか？　B療法よりもA療法のほうが本当に優れているのでしょうか。疑い深い人なら，やはり多くの疑問が出てくると思います。A療法は，里奈さんには合っていたけど，侑樹さんには合わないかもしれない。里奈さんは，ベテランのセラピストがA療法を実施したから不登校が改善したけれども，新人セラピストがA療法を実施した場合は改善しないかもしれない。里奈さんは，A療法に通うときに，いつも近くで買っていたおいしいパンが楽しみで改善したのかもしれず，侑樹さんが別の相談室でA療法を受けても改善しないかもしれない。里奈さんは中学生だったのでA療法で改善したけれども，侑樹さんは小学生なのでA療法があまり効かないかもしれない。たまたま聞いた里奈さんはA療法で改善していたけど，実は世の中的にはA療法によって悪化しているお子さんのほうがずっと多いのかもしれない。

　このような数多くの心配や疑問をすべてクリアして初めて，この商品やサービスはほかより優れているということができるのです。これを確かめていくのはなかなか大変な作業です。しかし，高額な買い物をするとき，そのサービスの重要性が高いとき，そして税金・保険料や会社・学校のお金など多くの人の共有財産を使用するときには，これまで述べてきたように，あらゆる面から見て優れた商品・サービスであるといえることが必要になります。

2 臨床心理学と研究

1 ランダム化比較試験（RCT）を行う

　これまで述べたように，優れたサービスであるということを確認するのはとても大変なことです。さまざまな可能性があり，それをすべて潰していく必要があります。このような大変な作業を行うのが，研究であり，それによって得られた結果を**エビデンス**（根拠）とよんでいます。重大な選択をするときにはエビデンスがあったほうがいいでしょう。

　治療効果，満足感，安全性などに関するエビデンスを確認するときに，一番良い研究の形は**ランダム化比較試験**（Randomized Controlled Trial: 以降RCT）というものです。不登校の子どもの例でRCTを実施するとどうなるか，

語句説明

ランダム化比較試験（RCT）
ランダム化比較試験は，「無作為割付対照試験」ともよばれる。
研究の形，タイプのことを「研究デザイン」とよぶ。

図5-2　ランダム化比較試験（RCT）の流れと意図

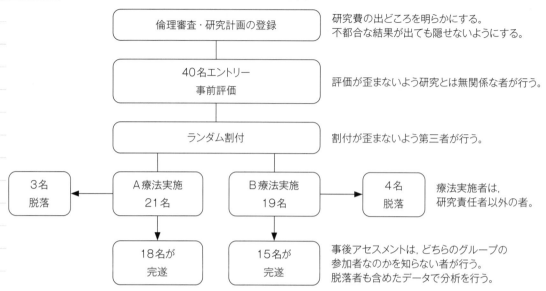

簡単に説明します（図5-2）。

　まず研究計画書を書き，所属機関の研究倫理審査委員会に提出し，承認を受けます。次に，不都合な結果が出てもなかったことにできないように，研究登録サイトに実施登録を行って全世界に公開します。設定した条件に当てはまる不登校の子どもとそのご家族に連絡を取り，研究への参加をお誘いしたところ，40名が集まりました。研究の説明をし，研究参加への同意（インフォームド・コンセント）を取り，研究責任者とは別の人が事前評価を行います。事前評価は，主に不登校の重さ（たとえば不登校の期間についてや，学校に行ける日があれば何日くらいか，家から出かけることはできるかどうか等）に関する質問を行います。次に，A療法を受けるグループと，B療法を受けるグループとに，研究参加者をランダムに分けますが，研究参加者たちには，自分たちがどちらのグループに入ったのかを秘密にしておきます。たとえばA療法に21名，B療法に19名が割り当てられたとします。

　ここからそれぞれの療法を実施します。比較を公平にするために，それぞれの療法に通う期間（たとえば3か月間），回数，ペース，1回の相談の時間などは揃えておきます。また実施しているのが，確かにA療法やB療法であることを確認するために，時々第三者がマニュアルに沿っているかどうかのチェックを行います。また療法を実施するセラピストは，研究責任者とは別の人とします。

　3か月経ち，それぞれの療法が終了したら，研究責任者とは別の，グループ分けを知らない人が事後評価を行います。ここでは事前評価と同じ質問をして，不登校の重さが改善したかどうかがわかるようにします。最後まで療法を受け続けた人だけでなく，途中でやめた人も分析に含めたほうが望ましいので，そ

のような人も事後評価には来てもらうよう依頼します。

　最後に，2つのグループのどちらのほうがより改善していたかを比較し，結果を論文に書き，発表することで，世界中の誰もが参考にできるエビデンスになります。ここまでのそれぞれの手続きが，何を狙ったものなのかを，流れと意図を対応させるかたちで図5-2にまとめます。

2　どのように疑いをクリアするか

　RCTを行うことで，それが本当によいサービスかどうかについての疑いのほとんどをクリアすることができます。どのようにクリアするのか見てみましょう。

　「A療法は，ママ友だちのお子さんの里奈さんには合っていたけど，侑樹さんには合わないかもしれない」「たまたま聞いた里奈さんはA療法で改善していたけど，実は世の中的にはA療法によって悪化しているお子さんのほうがずっと多いのかもしれない」　→　実施人数を1人ではなく数十人まで増やすことで，多くの人に合うのか，また合わないのかがわかる。

　「里奈さんは，ベテランのセラピストがA療法を実施したから不登校が改善したけれども，新人セラピストがA療法を実施した場合は改善しないかもしれない」　→　複数のセラピストが実施することで，経験年数や個人的特徴をならした効果を見ることができる。

　「里奈さんは，A療法に通うときに，いつも近くで買っていたおいしいパンが楽しみで改善したのかもしれず，侑樹さんが別の相談室でA療法を受けても改善しないかもしれない」　→　ランダムにグループ分けし，また実施場所も揃えることで，他の要因が入らないようにする。

　「里奈さんは中学生だったのでA療法で改善したけれども，侑樹さんは小学生なのでA療法があまり効かないかもしれない」　→　研究参加者に小学生と中学生を混ぜて，ランダムにグループ分けすることで，年代にかかわらない効果を見ることができる。

　もちろん，日焼け止めのほうの例も，RCTを行うことで，優れた商品かどうかを確認することができます。現代社会では，口コミサイトが発達しており，1人の意見だけでなく，多様な立場の多くの人の体験談を見ることができます。これは，良いサービスかどうかの判断にはとても有用です。しかし，お金をもらって良い評価を書いたり，いわゆるステルス・マーケティングをする人がいたりなど，信用できない口コミも存在します。研究の世界でも同じようなことが起きがちです。ある会社から研究費をもらったので，その会社の製品が有利になるように検査結果をごまかすというようなことは頻繁に起きます。このような結果の歪みを防ぐために，研究計画の事前登録・公開を行い，事前事後の評価やグループ分け，セラピーの実施は，研究責任者とは別の第三者が行うといった工夫がされています。

<aside>
プラスα

ランダム割付
研究参加者を複数のグループにランダムに割り当てること。ランダム割付を行わない場合，「無作為化をしない対照試験」や「準実験」とよばれる。
</aside>

3　RCTの結果を集める

　たとえば「A療法は効果的であるか」といった1つのテーマに対して20本のRCTが行われたとします。行われた国・文化や，研究参加者の特徴や，セラピストの特徴などが少しずつ違うので，効果的である，効果的でない，とさまざまな結果が出ます。そうすると結論がわからなくなってしまうので，RCTの結果の統合を行います。不登校の改善の指標は，ある研究では自記式心理尺度（不登校の子ども本人が質問紙に回答する）によって，ある研究では親評価の構造化面接尺度（親との面接において子どものことを聞く）によって，ある研究ではスクールカウンセラーの印象によって，などさまざまな測られ方をします。これを研究間で比較可能なように標準化したものを「**効果量**」とよびます。こうすると比較可能なRCT20本の効果量を統合することが可能になります。このような研究を**メタ分析**とよんでいます。メタとは「○○の○○」という意味で，メタ分析は「分析の分析」ということです。少しずつ異なったRCTが積み重なることで，より確実な結論を知ることができます。このように知見を積み重ねていくことで「○○歳頃の△△が原因と考えられる××なタイプの不登校は，A療法によってよく改善する」といったことがわかります。このような研究に基づいて，年齢，条件，特徴ごとに，推奨される介入技法を整理した**心理療法のガイドライン**がまとめられることが理想的な状態です。

4　予算に合わせて簡略化した研究

　みなさんのなかには，今後，心理学分野で卒業論文を書く人も多いと思いますが，ここまで読んで，研究とはあまりにも大変だと思われたでしょうか。確かにRCTは，説明してきたように1人ではできません。利害関係のない第三者にいろいろな作業を依頼する必要があるため，研究費も必要です。また，有望かどうかわからない段階の，ちょっとした疑問や，ごく新しいアイデアについて確かめるために，大掛かりなRCTを実施するのは適切とはいえません。

　卒業論文のように，1人でお金をかけずに行う研究の場合は，RCTの多くの要素を1つずつ外して簡略化した研究をすると考えましょう。たとえば，多少の結果の歪みは出るかもしれないが，すべての作業を1人で行う。またランダム割付が難しい場合には，学級別でグループ分けを行う（たとえばクラス担任の効果などが入ってしまう可能性があることを理解して実施する）。グループ分けをせずに1グループのみで行う（A療法だけで事前から事後にかけて改善しているかを見る）。これから療法を受けてもらうのではなく，過去にA療法を受けた人，B療法を受けた人からデータを取る（後ろ向き研究）。不登校の子どもたちではなく，不登校まではいかないが学校に行きたくない気持ちをもっている子どもたちに研究参加してもらうこともできます（アナログ研究）。測定の**信**

頼性と妥当性[*]がやや下がりますが，改善指標の測定を，手間のかかる構造化面接尺度ではなく，自記式質問紙尺度など簡略な方法に替えることもできます。

　たくさんの研究参加者を集めることが難しければ，数名の不登校の子どもたちに，1人は5月から，もう1人は7月から，もう1人は9月からとタイミングを変えてA療法またはB療法を行ってみて，介入と結果の間の関係を見ることもできます（**多重ベースラインデザイン**）。

　多数の研究参加者を集めるのではなく，一例による研究報告が意味をもつこともあり，それは**事例研究**とよばれています。「A療法によってうつ病が治る」という法則性を主張したいときには一例では無理です。しかし「アルツハイマー型認知症は完治することがない」などの定説に対しては，完治した例を一例提示するだけで，大きなインパクトがあります。このように定説に反するような珍しい事例を提示することは優れた研究報告になります。また，心理療法のプロセスのなかで，これまでになかったような新たな展開，意味，手法などが見出せる場合も，詳細に報告することで良い事例研究となります。

3 ｜ どうして研究をするのか

1　研究の必要性

　日焼け止めAのほうが品質は優れているのだけど，日焼け止めBのほうが広告がよくできているので，Bのほうがたくさん売れるということは一般社会ではよく起こります。そしてこれはそんなに悪いことでもありません。ユーザーには好きな商品を選ぶ自由がありますし，たとえば日焼け止めBの広告に出ているモデルさんが好きだという理由でBを選んでもよいと思います。しかしこれは，値段が安く，効果や安全性がそこそこであってもたいした問題が起きないケースに限られます。

　不登校に対応する公認心理師の場合は，問題が改善しなかったり悪化したりすると，子どもや家族への影響も大きく，また利用者が自分のお金で選ぶのではなく，公共のお金が使われているケースが多くなります。そのため臨床心理実践においては，日焼け止めの買い物とは違って，エビデンスが重要なのです。

2　科学者 – 実践者モデル

　1949年にアメリカ・コロラド州のボルダーにて臨床心理学の教育者71名が集まり，2週間にわたって臨床心理学の専門家養成について集中討議を行った結果，「科学者 – 実践者モデル」が提唱されました（松見，2016）。会議の開催

語句説明

信頼性と妥当性
事前・事後でどの程度改善がみられたかを測るには指標が必要になるが，その指標の品質を評価する観点に，信頼性と妥当性がある。信頼性とは，測定が安定・一貫していること，妥当性とは測りたい対象そのものをズレがなくしっかり測れているかということを指す。

プラスα

多重ベースラインデザイン
多重ベースラインデザインのような1人または少数の研究参加者に介入する研究を単一事例実験法とよぶ。

参照

科学者 – 実践者モデル
→4章

第Ⅱ部 臨床心理学の基本モデル

場所にちなんでボルダー・モデルともよばれています。臨床心理学の実践者は，同時に科学者でなければいけないということです。ここでいう科学者とは，研究を行う人のことです。上に述べた理由で，公認心理師は研究を行うスキルが必要です。研究の遂行は，1人ではできなかったり，研究費がなかったり，職場の都合があったりなど，条件が揃わずにかなわないことがあります。しかし，少なくとも研究のスキルを備えておくこと，そして研究論文を読んで，意味がわかることが必須です。

たとえば，あなたが尊敬する指導教員の先生は，B療法を30年間も続けてきた方で「どんなクライアントにもB療法は役立つところがある」とおっしゃっています。一方，ある有名な英文の研究雑誌に，「RCTによってA療法とB療法を比較した結果，A療法のほうが優れていた」という論文を見つけました。あなたはどちらを信じますか？ 30年間の実践の継続のなかで，多くのクライアントにB療法を実践してきた実感から出てきた専門家の言葉は重みがあります。しかし，その先生はある偏ったタイプのクライアントばかりに会っていたかもしれませんし，改善の指標は第三者が客観的に測ったものではなく，主観的な実感になります。一方，RCTの研究を読むと，どのような年代でどのような特徴をもったクライアントに，どのくらいの期間A療法を行うと，どの程度B療法より改善がよかったかが書いてあります。臨床心理実践を行ううえでは，エキスパートの意見よりもRCTの結果のほうが信用度が高いのです。

もっとも，いろいろな臨床心理実践のテーマに対して，RCTの結果が出ているものはごくわずかです。また，実践現場では，年齢や文化や問題の状況など，条件が少しずつ違っています。しかし，RCTやその他の研究によって得られたエビデンスの量と質をきめ細かく理解する能力がある公認心理師は，そのような臨床心理実践のなかでも，より良い，クライアントのためになる判断をすることができるでしょう。

考えてみよう

日焼け止めを買いたい大学生の例でも，日焼け止めAのほうが優れているかどうかについていろいろな疑いが出ていました。RCTを実施するとしたらどのようなものになるか考えてみましょう。また，RCTを実施することで，どのようにそれらの疑いが解消できるでしょうか？

58

本章のキーワードのまとめ

ランダム化比較試験（無作為割付対照試験：RCT）	研究計画の登録と公開，研究参加者のランダム割付，比較対照群の設定，割り付けられた群を研究者にも参加者にもわからないようにする二重盲検化などの一連の手続きを含む研究デザインのことで，介入・治療の効果や安全性を調べることができる。
エビデンス	主観や利害関係などに影響されない，客観的で科学的な証拠や根拠のこと。エビデンスは有無というよりも，質の良し悪しとして考えるのが望ましく，エビデンスレベルが高い，低いという言い方をする。
治療効果	心理療法やその他の治療方法が役に立つ程度のこと。客観的な測定による，または担当者の印象による問題の改善度合い，本人の満足度などいくつかの観点が考えられる。
多重ベースラインデザイン	多重ベースラインデザインのような1人または少数の研究参加者に介入する研究を単一事例実験法とよぶ。
事例研究	少数の個人や出来事の事例（ケース）について報告する研究のこと。ケース内のプロセスについて詳細に検討することができる。ケース・スタディともよぶ。
効果量	標準化された効果の大きさのこと。測定の単位に依存しないので，研究間で比較や統合がしやすくなる。
メタ分析	同じテーマについて行われた複数の研究結果を，効果量を用いて量的に統合し，一つの結論を導く研究のこと。
心理療法のガイドライン	特定の問題を抱えるクライアントに対して，入手可能なエビデンスをまとめ，最も効果と安全性が高く，コストや負担が低い治療介入手続きを体系的にまとめた文書。
信頼性と妥当性	測定の品質についての観点であり，信頼性とは，測定が安定・一貫していること，妥当性とは測りたい対象そのものをズレがなくしっかり測れているかということを指す。

第6章

心だけでなく，身体も社会も大切に
（生物－心理－社会モデル：チームアプローチへ）

この章では，生物－心理－社会モデル（biopsychosocial model〔BPS〕）の重要性を解説します。公認心理師は心理面の専門家ですが，人間の問題は，心理面だけでなく，生物学的，また，人間関係・社会的な要因も組み合わさっています。公認心理師は，クライアントの問題を生物－心理－社会の3側面からアセスメントし，他職種と連携しながら支援計画を立てていく必要があります。

●関連する章 ▶▶▶ 第2章

1 | 臨床心理学における見立て

　問題や困り事を抱えた人々に対して，心理学の専門家だからといって心理面だけを見て支援するのは十分ではありません。人間の問題は，心理面以外にも，生物的要因，人間関係・社会的要因が複雑に相互作用した結果うまれるものです。ある大学生の例から考えてみましょう。

1 困りごとの原因は何？

> **事例** 大学に行けなくなったえりかさん
>
> 　えりかさんは大学1年生です。東京近郊の県に住んでおり，中高一貫校の出身で，高校生のときは生徒会や部活動で目立って活躍する積極性の高い生徒でした。高校生のときの実績を活かして，推薦入試で都内の大学に見事合格しました。えりかさんは意気揚々と大学に入学しましたが，中学高校の6年間を同じ環境で過ごしていたえりかさんは，授業のやり方もスケジュールも周囲の人たちも何もかもが違う大学に戸惑う日々が続きました。また，近郊の県に住んでいるえりかさんは，大学まで電車で1時間以上かけて通学することになり，これも初めての経験でした。1年生は1限の必修授業も多く，ぎゅうぎゅう詰めの満員電車に乗らなければいけないこともしばしばでした。ゴールデンウィークを過ぎたあたりから，難しくつまらない授業，知らない人たちがたくさんいる教室，大量の課題や小テストなどのことを考えると気が重くなり，大学に行きづらくなってきました。朝には，腹痛や頭痛，体のだるさがひどく，遅刻や欠席が増え

ていきました。大学のことを考えると，なぜか涙が出るようになりました。食事をしてもおいしいと感じられなくなり，趣味だったピアノを弾くことも少なくなりました。大学をサボっている自分はダメな学生だ，学費を出してくれている両親に申し訳ないという考えが強まり，ひどく自分を責めるようになりました。このような状態になったえりかさんを心配した大学の同級生が，えりかさんを学生相談室に連れていきました。えりかさんは，そこで公認心理師である相談員と継続相談をしていくことになりました。

　それまでのえりかさんは，中学や高校のときにも，頭痛や腹痛が起きることはよくありましたが，学校が家から近いこともあり，長期で欠席するほどではありませんでした。家庭環境は，大企業で働くサラリーマンの父と，専業主婦の母，そして大学生の姉がいます。父は優秀ですが，情緒的な部分は少なく論理性の強い人で，子どもに優しく接して話を聞くようなタイプではありません。母は，2人の子を産んでから，精神的に不安定になることがあり，気分が落ち込みがちで，働きたい気持ちはあるものの体調的に難しいようです。

2　心理的な見立て

　臨床心理学では，問題の全体像を理解し把握することを「**見立て（またはケース・フォーミュレーション）**」，そのための情報収集を「**アセスメント**」，問題に対して取り組んでいくことを「**介入**」とよびます。医学・医療の世界の言葉でいえば，それぞれ「診断」「診察・検査」「治療」に当たります。医学・医療における診断は，たとえば「インフルエンザです」「ただの風邪です」「肺炎になっています」というようなものです。では臨床心理学における見立てはどのようなものでしょうか。えりかさんにはどのような問題が起きて，大学に行けなくなってしまったのでしょうか？

　えりかさんの状態は，風邪や高血圧のようないわゆる体の病気ではなさそうです。心理面から情報を整理する必要があります。まず，高校までは長期に学校を休むこともなく，生徒会や部活動で活躍していたえりかさんが，大学に入ってから調子を崩し大学に行けなくなってしまっているという，問題の起きた時期に着目すれば，大学入学という環境変化は何らかの関係がありそうです。ストレスになっていそうなものをあげると，高校と大学の過ごし方の違い，慣れない分野の小テストや課題，長い通学時間などがあげられます。このようなストレスによって，気分が落ち込んでいるのかもしれません。そして意欲が低下して，大学に遅刻したり欠席したりするようになります。そのような自分の状態について，えりかさんは「私はダメな学生だ，両親に申し訳ない」と自分を責めます。これによってさらに意欲が低下し，気分が落ち込み，大学にます

参照

介入
→2章

ます行きづらくなり，さらに自分を責めるという行動・認知・感情の悪循環が生まれています。このように，心理面からの見立てでは，外界のストレスと，それに対する個人の行動，認知（受け取り方），感情（情動，気分など）との影響関係を見て，仮説を立てていきます。

2 ｜ 生物 – 心理 – 社会モデルとは

1 生物 – 心理 – 社会モデル

　えりかさんの苦しい状態に対して，上記の心理面からの見立てだけで，改善に向けて十分に取り組んでいけそうでしょうか。ストレスと，その受け取り方，感情，行動について理解し，改善を目指していく個人心理療法を実施することは可能です。しかし一方で，大学に行けなくなったり，自分を責めたりといった症状の特徴から，これは「うつ病」であると考え，投薬治療をする方法もあるでしょう。また，友人や家族が話を聞いたり，一緒にテスト勉強をしたりなどのサポートをしてくれることが重要かもしれません。

　人間は生物としての存在であると同時に，人間関係のなかで生きる社会的な存在でもあります。そのため，人間が人生のなかで抱える問題は，生物学的な要因と，心理社会的な要因とが複雑に絡み合ったものになることがほとんどです。アメリカ・ロチェスター大学の精神科医であった**エンゲル**は，1977年に，生物学を偏重していた精神医学の生物医学モデルの限界を指摘し，代わりに生物 – 心理 – 社会モデルを提唱しました（Engel, 1977）。人間の抱える問題について，たとえば遺伝など生物的要因だけを想定していたそれまでの生物医学モデルに対して，より多くの複合的な要因があるとする考え方をエンゲルは提唱しました。

　このエンゲルの考えは，その後の研究によって裏付けられました。実際に精神疾患や心の問題についてのいくつかの研究から，ストレスとなる出来事や環境的な困難によって問題が起きやすくなること，医療サービスの利用者のなかで，心理的な苦しみから生じる身体症状の割合が非常に大きいこと，心理的な健康や**レジリエンス**[*]が人々の健康に大きな影響を及ぼしていることが明らかになってきています（Fava & Sonino, 2017）。

　人々の健康や心の問題を考えるときに，生物・心理・社会という3側面からとらえることは，現代のヘルスケアの基本となっています。公認心理師は心理の専門家ですが，先述したように人が抱える問題は幅広い領域の要因が組み合わさって起きます。公認心理師は，人々が生活のなかで出会う問題を，生物・

プラスα

ソーシャルサポート
他者への支援のこと。実用的なもの，情報的なもの，情緒的なものなどがある。

語句説明

レジリエンス
弾力性，回復力などと訳されている。レジリエンスが高い人は，強いストレスを受けても，メンタルヘルスを維持し，適応的に過ごせる。リジリエンス，レジリアンス，レジリエンシーなどとも表記される。

図6-1　基礎研究と臨床実践における生物 - 心理 - 社会モデル

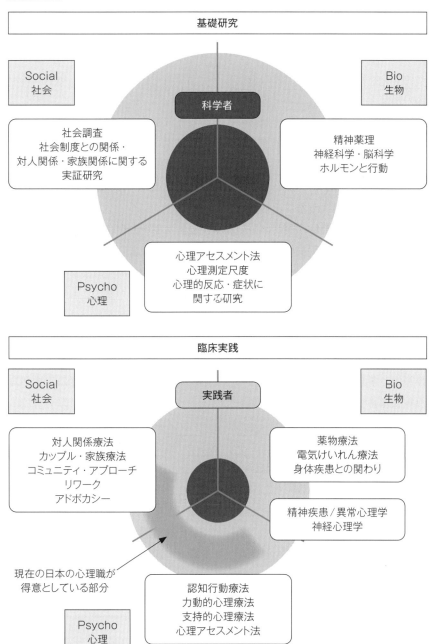

心理・社会の 3 側面から把握することができるように幅広い知識をもっておく必要があります。

　生物 - 心理 - 社会モデルの 3 側面の例を，基礎研究と臨床実践に分けて図6-1 に示しました。生物・心理・社会の 3 側面は，臨床実践においてももちろんですが，基礎研究を行ううえでも重要になります。

①生物

　3側面のうち，生物とは，生物として，動物としての人間の側面です。メンタルヘルスの生物学的なとらえ方には2種類が考えられます。1つは，体の病気が心の不調を引き起こす場合です。たとえば，糖尿病や甲状腺機能低下症といった体の病気から，気分の落ち込みが生じます。この場合は，もともとの体の病気を治療することが有効な方針となります。もう1つは，うつ病などの心の病気そのものも，脳の機能の不調として生物学的に理解するという見方です。ホルモン・神経伝達物質の様子や中枢神経（脳）の活性化の仕方などの特徴が，心理的，行動的な問題として現れます。生物学的な変化に対して，薬剤（向精神薬）や電気・磁気の刺激（**電気けいれん療法**，**経頭蓋磁気刺激法**など）によって改善させようとする治療方法もあります。

　このような問題理解の長所は，生物学的要素はヒトの存在の基礎の部分であり，人種・民族や文化にかかわらず共通していたり，またヒト以外の動物とも共通したメカニズムをもっていたりします。そのため動物実験により抗うつ薬を開発したり，その薬によって世界中のどの国に住む人であっても文化を考慮することなく治療したりすることが可能です。これまでの心理職の養成課程では，生物学的な問題の教育があまりなされていないため，現在の日本の心理職はそれらに詳しくない人たちが多いところですが，これからのメンタルヘルスの領域で多職種連携しながら働いていく心理職にとって，ある程度の生物学的な知識は必要なものだといえます。

②心理と社会

　一方，残りの心理と社会は，くっきりと分けにくいところがあり，心理社会的（サイコソーシャル）な要因とまとめられることもあります。心理は，個人の思考・感情や精神症状，そして行動などのことを指します。心理に関する基礎的研究としては，心理現象を測定する質問紙尺度や面接尺度の作成など，アセスメント法の開発があります。心理についての実践方法としては，いわゆる個人心理療法とよばれるものがそれにあたります。本書でも紹介される認知行動療法，力動的（精神分析的）心理療法，支持的心理療法などがあります。

　次に社会についてですが，英語のsocialには，総体としての社会という意味と，対人関係という意味とがあります。前者の意味では，法律，社会制度，文化，会社や学校などのコミュニティの要因が考えられます。後者は1対1からの小規模な人間関係の要因であり，カップル関係，親子関係，友人関係などが含まれます。

　人間全体や人間以外の動物にも幅広く適用可能であった生物学的側面とは対照的に，心理社会的な側面は，もちろん動物と人間とで大きく異なります。また民族や国によって，1つの国のなかでも地域によって，また都市部と地方，性別や年代，裕福な人と貧しい人，宗教や慣習などによってさまざまに異なり

ます。生物的要因よりも，きめ細かな，ケースバイケースな問題の把握と介入が必要になります。対人関係に関する問題は通常，心理職が扱いますが，法律や社会制度についての問題は福祉職や法律職による支援が有効な場合もあります。

　人間の心理社会的な問題もすべて，結局のところは脳を中心とした生物学的な変化が起きていて，その表現であるはずです。その意味で，心も身体の一部であるということができます。しかし，他の動物と違って，人間の心理と社会は高度化・複雑化しています。メンタルヘルスの問題を抱えたときに，心理社会的側面はほぼ必ず関わっており，生物学的側面とは別個に扱う利点があります。また，精神疾患や心の問題を，生物学的な指標で測定する，つまり血液検査や脳画像検査によって把握しようとする研究は進んでいますが，今のところ実用的な意味ではほとんど成功しておらず，生物学的側面のみから見立てと介入を行うのではまったく不十分です。心理や福祉職，法律職などの社会の専門家が人々の支援を行う重要性は大きいといえます。

2　生物学的な見立て

　先ほど，えりかさんの問題についての心理的な見立てを考えました。その他の2側面から見立てるとどうなるでしょうか。

　生物学的な見立てとして考えられるのは次のようなことです。えりかさんの事例を聞くと，多くの人は大学に入ってから環境変化に慣れず調子を崩したと考えるかもしれませんが，体の病気が根底にある可能性もあります。うつなどの精神症状を引き起こす体の病気として，たとえば甲状腺疾患や脳腫瘍などがあります。公認心理師は，心理的な問題が目立って見られるときにも，体の病気の可能性を忘れてはいけません。

　また，遺伝についてもある程度考慮しておく必要があります。うつ病をはじめとする精神疾患は，何らかの遺伝子をもっていれば必ず発症するような遺伝病ではありません。しかし，多数の遺伝子の組み合わせによって発症の確率が高まるということはあります。えりかさんの場合はそれほど強くはなさそうですが，人の気持ちにあまり敏感でない父と，産後に精神的に不安定になりがちであった母の体質を引き継いでいることが考えられます。それ以外にも，これまでに大きな病気や怪我をしたことがないか，持病がないかどうか，飲んでいる薬があるかどうか，などの情報を把握しておくことが大事です。

3　社会的な見立て

　えりかさんについて，社会的な見立てを考えるならどうなるでしょうか。社会システムという大きな視点でみると，高校生のときと大学生のときとで過ごし方が大きく異なる日本の教育システム，大人数講義が多くカリキュラムが過

プラスα

家族負因

家族や親戚に精神的な問題をもったことがある人がいることを，家族負因があるという。「負」の字はマイナスという意味ではなく，背負っているという意味。両親からの影響には，遺伝的なもの（生物学的）と，養育態度・家庭環境（心理社会的）によるものの2つがあり，通常は分離して把握することが困難である。

密などの入学した大学の特徴，満員電車や距離の遠さなど首都圏の通勤通学事情の悪さなどが考えられます。対人関係という小さな視点でみると，高校までと違って周囲が知らない人ばかりになってしまったこと，もしかすると気の合う友人があまりできなかったり，学科の人間関係でトラブルがあったりしたこと，大学教員からあまりサポートが得られなかったことなどがあるかもしれません。えりかさんの場合はあまり当てはまらないようですが，たとえば経済的な貧困も**メンタルヘルス**[*]には大きな影響を与えると考えられています。また，文化的な背景も重要です。育った地元と入学した大学との文化的な雰囲気の違い，海外のルーツがあるかどうか（本人が帰国子女であるとか，両親や，片方の親が外国人であるなど），両親や祖父母の家の価値観はどのようなものか（学歴に重きをおいているかどうか，女性が大学に行くことに関する考え方はどうかなど），本人や家庭に宗教的なバックグラウンドがあるかどうかなどの情報も，可能なら把握しておくと見立てに役立ちます。

> **語句説明**
> **メンタルヘルス**
> 精神的健康のこと。体の健康も重要であるが，心理的にも健康であり，苦痛や支障がなく生活できることが重要である。

3 メンタルヘルスのとらえ方

1 素因ストレスモデル

　生まれながらにもっている，影響を受けやすい体質のことを素因とよびます。この素因と環境からのストレスが組み合わさったときに，心理的な問題や精神疾患を生じるという考え方を，**素因ストレスモデル**とよびます。影響を受けやすい体質であるだけでは問題を生じないし，ストレスを受けただけでも問題を生じないが，その両方がある場合には問題を生じるということです。

　1970年代の統合失調症の研究によって提唱されましたが，あらゆる心理的な問題についてこのような考え方ができます。たとえば，強盗被害などのまったく同じトラウマを経験しても，全員が**PTSD（心的外傷後ストレス障害）**[*]を発症するわけではないことが知られています。素因は，**脆弱性（バルネラビリティ）**[*]ともよばれることがあります。素因は生まれもった生物学的な特徴であり，ストレスは外界からの心理社会的な悪影響です。このため，素因ストレスモデルは，生物－心理－社会モデルと非常に関連の深い考え方です。

> **語句説明**
> **PTSD（心的外傷後ストレス障害）**
> 自然災害，暴力犯罪被害，交通事故などの非常に強いストレス（トラウマとよぶ）を体験した後に，心の不調が続く状態のこと。思い出したくないのにトラウマのことを思い出してしまう再体験症状が特徴的である。
>
> **脆弱性（バルネラビリティ）**
> 何かの物質や状況に対して，不調や疾患になりやすい敏感性をもっていること。

2 精神疾患／異常心理学

　心理的な問題には，生物学的な要因と，心理社会的な要因があり，その組み合わせを考慮することが大切であることを述べてきました。より細かく考えると，生物的要因と心理社会的要因との割合がどうなっているかを把握すること

も重要です。えりかさんの場合は，高校までは比較的元気に過ごせていたので，大学入学という環境変化，つまり心理社会的要因のほうが大きい可能性が高いです。ということは，心理社会的な要因を調整してストレスを減らし，サポートを増やせば，それほど長くかからずに問題が改善するという期待ももてそうです。先ほど述べたように，生物的要因は動物にも共通するような普遍的なもので，生まれつきであることも多いです。生物的要因が強い問題であれば，それなりに長期間つきあっていかなければいけない問題になることもあります。

　図6-2に，生物的要因から心理社会的要因へのグラデーションを示しました。人間が抱える問題には，生物的要因が100％であるものから，心理社会的要因が100％であるものまで連続しています。中間にあるのがいわゆる精神科の病気である精神疾患であり，これは心理学分野では**異常心理学**とよばれています。精神疾患の分類として有力なものとして，アメリカ精神医学会がまとめている**DSM（精神疾患の診断・統計マニュアル）**と，世界保健機関（WHO）がまとめている**ICD（国際疾病分類）**の2つがあります。これらのなかには，発達障害や認知症といった生物的要因が非常に強いものから，パーソナリティ障害や適応障害といった心理社会的要因が非常に強いものまでが収載されています。

図6-2　生物学的問題から心理社会的問題へのグラデーション

さらにこの2つは時間的な前後関係や原因結果の関係となることもあります。生物的要因（たとえば発達障害）による不適応から心理社会的な問題（抑うつ症状）が起きることもあります。このような抑うつは1つ目の問題に引き続いて起きることから**二次障害**とよばれています。逆に，ストレスを長く受け続けることによって高血圧などの体の病気になるといった逆の因果関係が生じることもあります。

また公認心理師は，精神疾患には入らないような心理的な悩みを扱うことも多いです。たとえば不登校やひきこもりの多くは精神疾患ではありませんし，進路の迷い，友人や恋愛など人間関係のトラブル，ダイエットや宿題に取り組めないなどの日常的な行動上の問題などもあります。このようなことから，公認心理師は，医療保健領域だけでなく，教育，福祉，司法，産業といった多く

の領域で活動することが期待されています。

4 | 心理職の見立てから チームアプローチへ

　これまで見てきたように，人間が抱える問題の原因はいくつかの要因が組み合わさっていることがほとんどです。体の問題であれば医師や理学療法士などの体の専門家が，心の問題であれば公認心理師などの心の専門家が，社会的な問題であれば社会福祉士などの社会制度の専門家が対応するのが効果的です。1人の専門家がすべてを担うことは難しく，多職種が連携して支援を行うチームアプローチの重要性がますます認識されつつあります。公認心理師は，心の専門家ですが，生物的要因と社会的要因とのちょうど中間の専門性をもっているともいえます。生物・心理・社会の3要素をバランスよく見立てることが可能な職種です。あるケースの支援を考える際に，最適な専門職へ任せたり，最適な支援計画を立てたりするために，生物・心理・社会のどの要素がどのくらい影響しているかを見極めて提案を行うなど，公認心理師は**チームアプローチ**のなかでも重要な役割を担うことが期待されます。そのために公認心理師は，心理学的な専門性を深めるだけでなく，生物学的な知識や，社会制度の知識も広く知っておくことが大事です。

考えてみよう

　自分や，家族・友人など身近な人が抱えている問題，悩み事，困り事について1つ具体例をあげ，生物的要因，心理的要因，社会的要因の3つの側面から整理してなるべく多く書き出してみましょう。また，そのそれぞれの要因について，どんな介入方法，改善手段が考えられるか考えてみましょう。

🖋 本章のキーワードのまとめ

見立て	本人や周囲の人たちからの聞き取りや心理検査を実施することで，ケースについて情報を収集することを通じて，問題の成り立ちについて暫定的仮説としての理解を組み立てること。見立ては，新たな情報の取得や，介入の結果を見ることを受けて，何度も更新されていく。ケース・フォーミュレーションとほぼ同義と考えてよい。
メンタルヘルス	精神的健康のこと。体の健康も重要であるが，心理的にも健康であり，苦痛や支障がなく生活できることが重要である。
素因ストレスモデル	生まれながらにもっている体質（素因）に，環境からのストレスが重なったときに，問題や疾患が生じるとする考え方。
DSM（精神疾患の診断・統計マニュアル）	アメリカ精神医学会が作成している，包括的な精神疾患の診断基準・診断分類であり，世界中で広く使用されている。最新版は，2013年に発表された第5版である。疾患の原因を問わず，現れた症状によって分類することで，診断者間の一致率を向上させようとしていることが特徴であり，この特徴から操作的診断分類とよばれる。
ICD（国際疾病分類）	世界保健機関（World Health Organization, WHO）が作成している国際的に統一した基準で定められた死因および疾病の分類である。精神的な疾病だけでなく，すべての疾病が含まれている。最新版は，2019年に承認された第11版である。
二次障害	もともとあった問題を一次障害，それを原因としてあとに続いて生じる問題を二次障害とよぶ。一次障害が存在するときに，二次障害の発生を予防する観点が重要である。
チームアプローチ	医療や学校などの臨床現場においては，従来ピラミッド型のスタッフ組織で実践が行われてきた。近年は，医師，看護，心理，教育などさまざまな職種が協力しながらチームでアプローチを行うことが重視されるようになってきている。

第Ⅲ部

臨床心理学の方法（1）：
心理的アプローチ

臨床の視点 ………………………………

　臨床心理学では，さまざまな技法モデルを参照して実践活動を進めます。第Ⅲ部では，クライアント個人の心の理解と支援に関わるモデルと技法を紹介します。安心できる援助関係を形成し，自己の心の世界を探求することを重視するクライアント中心療法，心の無意識の奥深くを探求し，自己理解の進展を重視する精神分析学，行動変化を通して心の変容を試みる行動療法，認知の仕方を変えることで問題行動の解決を図る認知行動療法の理論と技法を紹介し，解説します。

第7章 安心できる関係を大切にする（人間性アプローチ：クライアント中心療法）

この章では，心理療法において必須となる関係性構築および人間性アプローチの基礎的発想と方法について学びます。具体的には，まず，心理療法全体における関係性構築の位置づけや意義について紹介します。続いて，各種心理療法のなかでも一人ひとりの人間性や内在する資質を重視する人間性アプローチの特徴を概説したうえで，その代表例であるクライアント中心療法について詳細に学びます。

1 心理療法における関係性と人間性アプローチ

1 さまざまな心理療法における共通要因としての"関係性"

　心理療法には，さまざまな着眼点をもつ学派（理論）とそれに基づくアプローチ法（実践）があります。こうした学派およびアプローチ法では，それぞれにおいて独自の着目点とそれに基づくアプローチ法が提唱されてきました。一方で，こうしたさまざまな心理療法において，その効果に寄与する共通要因があるとも考えられています。ランバート（Lambert, M.J.）は，心理療法の効果に寄与する**共通要因（心理療法の共通要素）**の一つとして「クライアントとセラピストの関係性」をあげ，**関係性構築**の重要性を主張しました。さらにこうした共通要因の効果は，関係性それ自体を主な治療機序（作用機序）と位置づけていないアプローチにおいても（各アプローチに固有の介入技術の効果とともに）重要であることが示されています（たとえば，丹野ほか（2011））。また現実的に考えても，たとえクライアントに対して有用性の高いアプローチ法を用いていたとしても，その実施の前提となる関係性が育まれていない場合には，クライアントのなかで抵抗が生じて面接がスムーズに進まなくなるばかりか，場合によっては中断も起こりやすくなるなどの悪影響が生じるために，十分な効果が期待できなくなることは想像に難くないでしょう。こうした理由から，クライアントとセラピストとの間に育まれる安心感の伴う協同的な関係性の構築は，心理療法の効果に寄与する重要な共通要因の一つと考えられており，現在ではどの学派やアプローチ法においても重視されています。

2　一人ひとりの人間性や内在する可能性を尊重する人間性アプローチ

　一方，さまざまな心理療法のなかには，一人ひとりの人間性や価値観を尊重し，その人に内在している力や可能性を最大限信じてひき出そうとすることを，心理療法の本質と位置づけるアプローチがあります。こうした発想に基づくアプローチは，**人間性アプローチ**（Humanistic Approach）とよばれており，個々の**自己実現**の傾向（なりたい自分を模索し，それに向かって自分自身を発展させていこうとする傾向性）とその資質を最大限に尊重する点に特徴があります。

　代表理論には，このあと詳述するクライアント中心療法があります。これは人間性アプローチのなかでも特にクライアントとセラピストの関係性に着目し，望ましい関係性の在り方やそれを育むためのセラピストの態度を明らかにしたものです。その他には，**マズロー**（Maslow, A. H.）の**自己実現理論**，**ヴィクトール・フランクル**（Frankl, V.E.）の**「生きる意味の発見への援助（ロゴセラピー）」** なども含まれます。マズローは，人の欲求には欠乏動機と成長動機があり，そこには階層性があることを指摘し，人間の生来的な欲求（生理的欲求や安全，愛情と所属の欲求など）が満たされてはじめて，自己実現へと向かう成長動機が作動することを理論化しました。また，フランクルは人間を自由と責任のある存在としてとらえ，どのような場面においても自らの人生に意味や価値を見出すことができる力を有していると考えました。そして，こうした力を支えるための面接をロゴセラピーとして提唱しています。このように着眼点は異なるものの，人間性アプローチは，個々人に内在された力や資質を信じ，それらが発揮されていくことを大切にしようとするものとなっています。

2 ｜ クライアント中心療法の理論

1　関係性の大切さと意義を主張した「クライアント中心療法」

　クライアント中心療法は，1940年代に臨床心理学者**カール・ロジャーズ**（Rogers, C. R.）が提唱した人間性アプローチを代表する心理療法です。人（および人に内在する自己実現傾向）に対する信頼に重きをおく人間観に依拠しており，「人は自分自身の可能性を自分で模索することができ，自分が目指したいと思える道を見つけて，その道に向かって努力し，成長していくことのできる資質をそれぞれがもともと兼ね備えている」という人間観に立脚しています。そのため，何かしらの困難を抱えている場合や，問題を抱えている場合であっても，**クライアント**[*]のなかにある資質が適切に発揮されていけさえすれば，困

語句説明
クライアント
心理療法を求めてきた人を「患者」ではなく，「来談者（クライアント）」とはじめて表現したのがロジャーズとされている。また「クライエント」と表現されている場合も多いもの，本書では「クライアント」で統一している。

難や問題をクライアント自身の力で乗り越えていくことができると考えます。

こうした発想に基づくクライアント中心療法では，（直接的な助言や変化を促すようなセラピストの関わりの意義も一定程度は認めつつも）心理療法においてまず大事になるものは「クライアントが安心して自分のことを話し，相談できる関係性（を経験できる場）」であると考えました。そしてセラピストが，こうした関係性（を経験できる場）をクライアントに提供できれば，クライアントはなりたい自分を模索していき，自力で問題や困難を理解していくとともに，成長し，解決していく力を発揮することができると主張しました。

2　クライアント中心療法の依拠する人間観・適応観―不適応観

また，クライアント中心療法では，人は日常生活において，程度の差はあれ，「経験」と「自己概念」との間にギャップを経験していると考えます（図7-1）。「経験」とは自分に生じる素直で率直な経験（例：「（友達に理不尽なことを言われて）むかついた」という感覚）です。一方，自己概念とは「自分はこうあるべき」という自分自身に対する認識（例：「友達に対しては常にやさしくあるべき」）です。そして，このギャップが大きくなりすぎることで，苦痛や困難を伴うとともに，自分自身のことを自分で認めにくくなり，自分の資質を見失ったり，発揮しにくくなり（何をどのようにしていけばいいのかがわかりにくくなり），不適応状態に陥ると考えます。このギャップは多くの場合，自己概念が「自分に対して過剰な条件を課すもの（特定の条件下のみの自分しか認められないもの）」になってしまっている場合に生じます。さらに，こうしたギャップは自分自身で課している場合もあれば，周囲の人との関係性によって生じている場合もあります。たとえば，誰かに自分の悩みを相談しようとしても，自分の率直なつらさや思いを受け止めてもらえず，逆に，自分の経験を否定されてしまう体験をしている場合，自分自身のなかで自分の率直な経験や思いを大事にしにくくなり，自分が本当はどうしたいのかもわからなくなっていってしまいがちです。また，相談に伴う傷つきや不快な思いを避けるために，誰かに相談すること自体も避けるようになり，不適応が続きやすくなりがちです。

プラスα

経験

「経験」への気づきを促す方法として，後述する「必要にして十分な条件」の保持だけでなく，その後も様々な手法が開発された。たとえば，ロジャーズの教えを受けたジェンドリン（Gendlin,E.T.）は，自らの「経験」に対する気づきを促す手法として，フォーカシングを提唱している。具体的には，自分自身の内面にある心身未分化な「感じの流れ」のどこか1点に注意の焦点を当て，そこからおのずと示されてくる「意味」に気づいていこうとする手法である。また，グループセッションで各個人の様々な経験に触れることで，自らの経験に対する気づきを得ながら，自分自身の成長を支える機会をつくろうとする手法がエンカウンターグループとしてまとめられている。

図7-1　クライアント中心療法の適応観―不適応観

Ⅰ＝自己概念と経験が
　　一致している状態
Ⅱ＝自己概念
Ⅲ＝経験

適応的な状態　　　　　　不適応的な状態

出所：Rogers, 1951をもとに作成

3 ｜ クライアント中心療法の実践

1 クライアント中心療法のアプローチ法

　こうした理論的発想に依拠するクライアント中心療法では，クライアントへのアプローチとして「クライアントが安心して自分のことを話し，相談できる関係性（を経験できる場）」を提供することの重要さを強調しました。そしてこうした場を提供できるようになるためのセラピストのあり方として「**必要にして十分な条件**[*]」をまとめています。具体的には，セラピストは次の3つの条件を満たす態度であろうと努力していくことが大切であると主張しました。

①無条件の肯定的関心

　無条件の肯定的関心とは，「クライアントの体験しているあらゆる面を，聴き手の枠組みから「よい」－「わるい」と価値判断をせず，条件なく，一貫してそのまま温かく受け止めていく態度であり，クライアントをかけがえのない一人の個人としてありのままのその人を尊重し，心の底から大切にする態度」と考えられています（飯長，2015）。もう少し噛み砕いた表現にするならば，「特定の条件（思いや状況）のときだけ相手を受け入れる」のではなく，「どのような条件（状況）であっても，相手の思い（見方や考え方）や行動を否定したり，責めたりするのではなく，"そう思う（考える，行動する）のも無理ないのではないだろうか"という相手の体験に対して肯定的な立場（価値判断せず受け入れる立場）で理解するように努めて関わる」という態度ともいえます。さらにこうした態度は，セラピストが独りよがりで実施していればよいというわけではなく，クライアントに伝わっていることが大事だとされています。

②共感的理解

　共感的理解[*]とは「あたかもその人のように（一方で，あくまで「あたかも」にすぎないことも忘れずに），感情的な構成要素と意味をもって，他者の内的照合枠をできるだけ正確に経験すること。そして，それを伝え返すことに伴う一連のプロセス」と考えられています（野島，2015）。もう少し噛み砕いた表現にするならば，相手がおかれた状況や心境を具体的にイメージしながら話を聴き，「たしかにそういう状況であれば，こう感じるだろうな。こう思うだろうな」という実感も伴った形で相手の体験を理解していこうとする関わり方といえそうです。もちろん，相手と自分は別の人生を歩み，別の経験をしてきた別の価値観をもつこともある人間です。ですので，厳密には相手のおかれた状況やそこで生じている心境と同様のものを自分のなかに完璧にイメージすることは難しいものです。しかしながら，そうした限界を理解したうえで，できるだけイ

語句説明

必要にして十分な条件
"治療におけるパーソナリティ変化の必要にして十分な条件""建設的人格変化のための必要十分条件"ともよばれる。

無条件の肯定的関心（unconditional positive regard）
これは，「無条件の積極的関心」「無条件の積極的配慮」「無条件の肯定的配慮」とも表現される。また「受容」とされる場合もある。

共感的理解（empathic understanding）
これは，①クライアントが信頼してセラピストに話をする，②その話をセラピストが受け止めて内面で感じる，③感じたことをクライアントに表現する，④セラピストの表現をクライアントが受け止めて，⑤（必要に応じて補足や確認しながら）話を進める，というプロセスの繰り返しに基づく。

メージをして，実感の伴った形で相手のおかれた状況や心境を理解しようと努めつつ，その時点でこちらが理解した内容をひとまず言動を通して伝え返していく態度といえます。このように，セラピストが一方的に理解すればよいわけではなく，その理解をクライアントに伝えていくこと自体も重要な要素と考えられています。

③自己一致

自己一致とは「セラピストがクライアントとの関係のなかで自分自身であろうとする態度」で「セラピストが関係のなかで自分自身の感情をありのままに受容し，共感的に理解しようとする態度」と考えられています（村山，2015）。仮に一般的に望ましくないような感情や考えがセラピストに浮かんだとしても，それを自分自身が受け止めることのできる状態です。もう少し違った角度から表現をするならば，「自分自身が本心で思っていないことや感じていないことを口先だけで言わない」という態度ともいえます。つまり，"自分の本心（経験）と自分の言動を一致させる"ことです。たとえば，相手がどのようにつらいのかを具体的にイメージもできていないのに，表面的に「つらかったよね。わかるよ…。」と口先だけで言うのは，自己一致ができていない聴き方です。もし本心からイメージができていない場合には，「（見た感じでは）つらそうだね…。ただ（実感を伴う形では）どんなふうにつらいのかについて自分がまだ十分に理解できていないように感じているので，具体的にもう少し聞かせてもらえるかな…。」などと話を続けたうえで，相手のつらさが自分の実感としてわかってきた際に「〜という状況だったら，さぞつらかっただろうね…。」と伝えるほうが，より望ましい関わりになります。クライアントにとっても「援助者が口先だけで言っている」「本心とは違うことを言っているのでは」という思いを抱く関係性より，「セラピストが純粋で自分自身である」「この人は本心から発言してくれている」と思える関係性を実感できてこそ，セラピストを信じ，安心して相談できるようになるとともに，クライアント自身が「自分も純粋で素の思いも大事にしていいんだ」という感覚を養っていくきっかけになる意味でも重要とされています。しかしながら，誤解を避けるために補足すると，セラピストは自分の感じたことや思ったことを無配慮にクライアントに伝えてよいということではありません。たとえば，自分のなかで生じた気持ちや考えがクライアントを傷つけたり，悪影響を与えそうな内容だと感じられた場合には，それらとどのように付き合うべきかを真剣に考え，もし伝える必要があると判断した場合には，どのように伝えるべきかについても自分のなかで一度向き合ったうえで，相手に伝えていくことが望まれます。

2　クライアント中心療法からみた"相談"の意義

このようにセラピストが，「必要にして十分な条件」を満たす 3 つの態度で

あろうとすることによって，「クライアントが安心して自分のことを話し，相談できる関係性（を経験できる場）」を提供することができます。そして，こうした関係性を経験することは，クライアントにとって主に次のような意義があると考えられます。すなわち，クライアントは，①自分の“経験”を受け止めてもらえる場を通して，自分に生じる思いを「感じても構わないものなんだ」と受け入れやすくなるとともに，「自分の思い（経験）に関心をもって聴いてもらえるくらいに，自分は尊重され価値のある存在と思ってもらえているんだ」と感じて，自分自身を認めやすくなります。また，②「人に理解してもらえるものなんだ」という思いから，「自分の気持ちを誰かに話しても大丈夫なんだ」と感じ，安心して相談することができるようになります。そして，③相談のなかで，自分の思いを伝え，受け止めてもらえる経験のなかで，自分の思いに丁寧に向き合い，それを実感したり，整理したりしながら，多面的な自分の思い（やそのなかで見えなくなっていた気持ちや価値観など）にも気づきやすくなります。さらに，④「どのようにしていきたいのか」「何をしていけばいいのか」について考える余地も生まれていきます。こうしたプロセスを経ることで，自分の“経験”と“自己概念”との間にどのようなギャップがあり，どのように埋めていきたいのかが明確化されていきます。そして必要であれば，⑤陥っている不適応状態に対する具体的な解決策も（相談のなかで）自分自身で見つけていくことができていくようになります。

4 │ 事例に基づくクライアント中心療法の理解

　それでは，こうしたクライアント中心療法の理論と実践について，より理解を深めるために，大学生の模擬的な相談例をもとに考えてみましょう。もしあなたが次のような相談を受けたとしたら，どのような応答ができそうかを考えながら読んでみてください。

1 このような相談を受けたらどう対応する?

> **事例**　家族との関係についてストレスを感じている大学生の相談
>
> 　大学に通うために実家を離れ，姉とルームシェアをしているさくらさん（大学2年生）は，姉との関係でストレスを感じていました。昨日も姉とケンカしてしまい，モヤモヤしていたため，同級生であるあなたにそのことを話してみよう（相談してみよう）と考えました。
> 　「ねえねえ，ちょっと聴いてくれる？　昨日さ，お姉ちゃんとケンカし

ちゃったんだ。それがまたひどいの。うちのお姉ちゃんって，全然私の話を聴こうともしないの。確かに昨日は家に帰る時間がいつもより少し遅くなってしまって，当初伝えていた帰宅時間に間に合わなかったのは私がいけないのだけど…。でも，事情を全く聴こうともせず，帰宅後，私の顔を見るや否や「大学生になったからって，夜遅くまで遊び歩いてるんじゃないよ！」とか怒鳴るのってひどいと思わない？　私，昨日は大学のゼミの友だちと来週の発表の準備を頑張っていて，帰るのが遅くなってしまっただけなのに…。そもそも私，夜に遊び歩くなんてしたこともないのに。しかもね，そんな事情を説明しようとしたら，「言い訳はするな！　どんな理由であれ予定の時間より遅くなったのは事実でしょ！　私はあなたのことを心配してこうして言ってあげているのに，そうやって口ごたえするつもり！？」とか怒鳴ってくるんだよ…。お姉ちゃん，機嫌が悪いときって，いつもこうなんだよね。ケンカをふっかけてきてどんどん怒って…。一度こうなったら「ごめんなさい」とこちらが言わないと収集がつかないから，一応「ごめんなさい」とは言ったけどさ…。でも，本当はすごく納得いかない気持ちもあるし，嫌な気持ちも残ってて今日になってもまだヤキモキしちゃってて…。そんなわけで，あなたについ話を聴いてもらえたら嬉しいなと思って相談しちゃったんだ。忙しいときになんだか愚痴っちゃってごめんね…」

2　相談への応答例

　さて，このような相談を受けたとき，あなたならどのようにさくらさんの話を聴き，どのように応答するでしょうか。以下に，さくらさんの発言に対する応答例として典型的なものをいくつかあげてみます。

パターン1：

　「そっか。随分怒りっぽいお姉さんみたいだね。そういうお姉さんと一緒に住むのはきっとストレスで健康にもよくないと思うから，早く別居したほうがいいと思うな。家賃のことが心配なら親に相談してみるといいんじゃない？　どう，相談できそうかな？　もしできなさそうなら，さくらのお母さんのことは私もよく知っているし，まずは私が代わりに電話して伝えてみようか？」

パターン2：

　「そうなんだ…。でもさ，やっぱりお姉さんが心配してくれて言ってくれているわけだから，口ごたえはしちゃダメだと思うな。むしろ，そんなふうに親身になってくれる家族が近くにいるってことが，私には羨ましいくらいだよ。私なんて，一人っ子でそんなふうに言ってくれる姉もいないし，両親も共働きで全然相手にしてくれないし…。だから，さくらはもっとお姉ちゃんに感謝す

べきだと思う。何より，ちゃんと人に対して感謝できる人間って，人としてとても素敵だと思うしさ！」

パターン3：

「そっか…。さくらは夜遅くまで勉強していたのに，一方的に「遊んでいた」って決めつけられてしまったんだね…。うーむ，それはさぞ嫌な気持ちがしただろうね。しかも，さくらが誤解を解こうとしているのにもかかわらず，それにも全く耳を傾けようとしない態度も，そして，とりあえず謝らせようとしてくる威圧的な態度も，さくらには到底納得がいかない気持ちが残りそうだよね…。そう思うと確かに私でもその状況だったらかなりモヤモヤすると思った…。とはいえ，私の想像がずれているかもしれないから，もし理解がずれてたら教えてね。いずれにせよ，さくらがいつもお姉ちゃんとの関係で苦労しながら頑張っているのはこれまでも聴いていたけれど，今回は本当にストレスのたまる出来事だったみたいで大変だったね…」

3　クライアント中心療法からみた望ましい応答

さて，相談したさくらさんは，あなたの応答を受け，どう感じるでしょうか？実はさきほどの各パターンはそれぞれ特徴をもたせた応答例にしてありました。以下に各特徴を簡単にまとめるとともに，応答を受けたさくらさんが感じる可能性のある気持ちを記してみました。そのうえで，クライアント中心療法との異同やクライアント中心療法からみた望ましい応答について振り返ります。

パターン1は「（相手の気持ちやおかれた状況を十分に聴かないうちに，また相手のニーズを把握しないうちに）問題解決案を提案する（アドバイスする）」応答例といえます。このような応答をされた場合，さくらさんには「別に解決策を探してほしかったわけではないんだけどな…」とか「自分の苦労やつらかった気持ちをただ聴いてほしかっただけなんだけどな…」という思いが生じるかもしれません。その場合，早急に解決策を提案するこの応答は，さくらさんの相談ニーズからずれている可能性があります。さらに「この人（あなた）は自分の気持ちやおかれた状況をわかってくれていないし，それらを尊重して理解しようとしてくれない人なんだ」という思いが生じて，あなたにがっかりしてしまうかもしれません。もちろん，もしさくらさんが解決策を早急に欲して（かつ，お母さんへの電話をお願いしたいと考えて）いる場合には，スムーズに話が進む応答になっていた可能性はあります。しかしながら，一般的には，「自分の困っている状況や気持ちをしっかりと理解してもらえた」「ちゃんと受け止めてもらえた」と感じられていない段階で，急いで軽はずみに表層的な解決策を提案する応答は，そのアドバイス内容がたとえ良いアイデアであったとしても，相手には響かないことも多く，相談意欲を削ぎやすい望ましくない応答例と考えられます。

　　パターン2は「（相手の気持ちやおかれた状況を十分に聴かないうちに）自分の思いや価値観を伝えて，それをクライアントに押し付ける」「一般的な正論や自分の考えを伝えて，説教してしまうことや，クライアントを説得しようとする」「（クライアントが望んでいるかもわからない状況で）クライアントに生じている考えや気持ちを変えさせようとする」応答例です。このような応答をされた場合も，おそらくさくらさんは「自分の困っている状況や気持ちを理解してもらえていないな」「ちゃんと受け止めてもらえていないな」と感じる場合が多いように思います。さらに「自分の言いたいことも言えていないのに，なんだか相手に話題を取られてしまい，相手の話を聞かされてしまった感じがするな」とか「それはあなたの価値観でしょ。あなたの価値観はわかったけれど，それを私に押し付けないでほしい…」とか「私はお姉ちゃんのそういうところが嫌だしモヤモヤすると感じているのに…。この"嫌だ""モヤモヤする"という気持ちを私が感じちゃいけないって言いたいわけ？」というように自分の感覚や経験を否定されたような思いさえ生じさせるかもしれません。こうした場合には，相談の場が，安心して自分の考えや気持ちを話せる関係ではなくなってしまうため，むしろ相談への抵抗感や不快感が強くなりがちです。その結果として，相談がいい方向に進みにくくなるばかりか，嫌な思いを上乗せしてしまうことや，一層傷つけることさえ起こりうる望ましくない応答例と考えられます。

　　パターン3は「相手の気持ちやおかれた状況を十分に聴こうとして，できるだけ理解に努めようとする」「相手に生じた気持ちや考えを受け止めて，自分としても理解ができたポイントを伝え返そうとする」応答例です。パターン1やパターン2と比べると，まずは相手の心境やおかれた状況を具体的に想像しながら理解しようと努めていることがわかります。そして，その気持ちや考えを不用意に，否定してしまうことや，変えようと働きかけるのではなく，まずはありのまま受け止めて理解しようとしています。さらには，自分の想像や理解がずれている可能性があることを認めながら，その時は教えてほしいと伝えており，相手の価値観や考えを最大限に尊重していることが伝わるやりとりをしています。おそらくこうした応答をしてもらえると，さくらさんは安心して，自分の思ったことや感じたことを引き続き，あなたに話し，相談を続けていくことができるでしょう。もしかすると「自分に憤る気持ちが生じてもおかしいことではないんだ」と感じられてほっとするとともに，憤る気持ちをあなたに十分伝えることによって「こうやってお姉ちゃんに対する不満を率直に言葉にして誰かに伝えてみると，"（言い方には納得いかないとはいえ）お姉ちゃんが心配してくれたこと自体に対する感謝の気持ち"が自分のなかに全くないわけではない」と気づき，「今度は不満だけでなく，感謝の気持ちがあることも伝えてみてもいいかもしれない」という洞察を得たり，「今度お姉ちゃんに

同じことをされたらこんなふうに対応してみてもいいかもしれない」という対策を練る機会になっていくかもしれません。今回の対応例では，具体的な解決策や対応策への話し合いまでは進んでいませんが（それをさくらさんが望んでいるかもこの時点ではまだわかりませんが），上記のように自分のなかにある姉に対する多面的な気持ちに気づく可能性に開けたり，もしくは今後の対処法を話し合うための土台が育まれやすいと考えられる意味でも，相談に乗る際の最初の応答様式としては，このパターン 3 が最も望ましい例といえそうです。

　それでは最後に，3 つのパターンが，クライアント中心療法の提唱する「必要にして十分な条件」に当てはまるかを考えてみます。まず，「無条件の肯定的関心」については，パターン 3 が最も体現できています。それと比べて，パターン 1 やパターン 2 ではこの態度が不足しています。パターン 1 は「本人が姉との関係で困っており，悩んでいる状況にいる」ことをよしとしない（解決しようとしている）態度であることから「無条件の肯定的関心」が保持できていません。また，パターン 2 では，本人の経験に対する肯定的な関心を保持していないだけではなく，聴き手の価値観に基づき否定する態度になっています。「共感的理解」についても，パターン 3 が最もうまく体現できています。一方で，パターン 1 やパターン 2 ではこれが不足しているために，理解してもらえていないと感じるリスクが高くなっているでしょう。「自己一致」については，どのパターンも満たせていますが，パターン 3 に比べると，パターン 1 や 2 では無条件の肯定的配慮や共感的理解が不足しているために，独りよがりの助言になってしまっている可能性が高いと考えられます。このように考えれば，パターン 3 が，クライアント中心療法の目指す態度を最も体現できている上手な応答となっており，相談者にとって有益な関わりを提供していく土台となる関係性を築いていく望ましい対応例と考えることができそうです。

5 ｜ クライアント中心療法の適用・限界や習得法

　本章では，人間性アプローチの代表例であるクライアント中心療法について学び，関係性構築のための基礎的発想と方法について学びました。最後にクライアント中心療法の適用と限界および習得法についてまとめます。

1 クライアント中心療法の適用の広さと限界（留意点）

　クライアント中心療法の発想と方法は，どのような相談を聴く場面においても，重要かつ不可欠なものとされています。そのため心理専門職を志す人はもちろん，日常生活での相談を聴く力を伸ばそうと考えている人においても役立

つものとなります。しかしながら，相談内容や問題によっては，クライアント中心療法の発想や技術だけでは不十分な場合もあり，たとえば，クライアントの状態像に合わせた形での，より積極的な情報提供や心理教育，そしてクライアントに変化を生むための目的的な関わりが不可欠な事例もあります。そのため，クライアント中心療法を必要条件として学びながらも，本書で紹介されているそれ以外の代表的なアプローチについても学び，各アプローチ特有の発想と介入技術も自らのものとして統合したうえで，クライアントにとって有益で必要な経験が提供できるよう日々の関わりの質を高めていくことが大切です。

2　クライアント中心療法の習得法

　上述した理論と実践を知的に理解することが大切です。そのうえで，自分が誰かの相談に乗る際の態度を振り返ってみましょう。もし過不足を感じる場合には，そうした態度を意識しながら話を聴くことが練習になるでしょう。また，必要にして十分な条件を体現するために知っておくと役立つ**コミュニケーションスキル**もまとめられています。具体的には，参考文献にあげてあるアレン・アイビイの「マイクロカウンセリング」やクララ・ヒルの「ヘルピング・スキル」などが該当します。こうした書籍で各スキルの種類，機能，使い所，治療効果のエビデンス等を学んでいくことも参考になるでしょう。

　　考えてみよう

交際しているパートナー（彼や彼女）との関係について悩んでいる友達があなたに相談にきました。どうやら，自分のことを構ってくれない相手に対して不満があるとともに，自分を大事にしてくれていないと感じる相手の言動に対して怒りを感じているようです。また，付き合いを続けるべきか，別れを切り出すべきか迷っているようです。こうした相談を聴く場合，あなたはどのような点に気をつけて相談にのる（話を聴く）とよさそうでしょうか？

🪶 本章のキーワードのまとめ

関係性構築	クライアントが安心して自らのことを相談できる関係性を，セラピストとの間に育めるように関わること。心理療法は，この関係性を土台としながら心理支援や介入を進めていく。
心理療法の共通要因（心理療法の共通要素）	さまざまな心理療法に共通するセラピーの成功要因があるという発想に基づく知見。クライアントとセラピストの関係性の構築が，心理療法の効果を左右する重要な共通要因の一つとして位置づけられている。
クライアント中心療法	ロジャーズが提唱した人間性アプローチを代表する心理療法。人間のもつ自己実現傾向を尊重し，クライアントの資質を信じ，それを引き出すための関わりを探究した。その成果の一つが「必要にして十分な条件」である。
人間性アプローチ	一人ひとりの人間性や資質を最大限信頼し，尊重するとともに，それらを引き出すために，人と人とのつながりや関わりを重視するアプローチの総称である。
自己実現	人間に内在している「なりたい自分を模索し，それに向かって自分自身を発展させていこうとする傾向性」のこと。
マズローの自己実現理論	人の欲求を欠乏動機と成長動機に分け，そこに階層性を見出した理論。人間の生来的な欲求（生理的欲求や安全，愛情と所属の欲求など）が満たされてはじめて，自己実現へと向かう成長動機が作動することを理論化した。
フランクルの「生きる意味の発見への援助（ロゴセラピー）」	人間は，自由と責任のある存在であり，どのような場面においても自らの人生に意味や価値を見出すことができる力を有する存在であるという理論的背景に基づき，そうした意味や価値を見出すプロセスを支えていこうとする心理療法。
無条件の肯定的関心	クライアントの体験しているあらゆる面を，聴き手の枠組みから「よい」-「わるい」と価値判断せず，条件もなく，一貫してそのまま温かく受け止めていく態度。クライアントをかけがえのない一人の個人としてありのままのその人を尊重し，心の底から大切にする関わり。
共感的理解	あたかもその人のように（でも「あたかも」の感覚を決して失わずに），感情的な構成要素と意味をもって，他者の内的照合枠をできるだけ正確に経験すること。そして，その経験を伝え返すことに伴う一連のプロセス。
自己一致	セラピストがクライアントとの関係のなかで自分自身であろうとする態度。また，セラピストが関係のなかで自分自身の感情をありのままに受容し，共感的に理解しようとする態度ともされる。
コミュニケーションスキル	心理療法では，セラピストは非言語的コミュニケーションおよび言語的コミュニケーションを適材適所で用いながら，クライアントを理解し，良好な関係性を構築し，クライアントに必要な経験ができるよう関わることが望まれる。

第 8 章

心の奥深くを探る
（精神力動的アプローチ：精神分析学）

人の心は，合理的に説明できないことがたくさんあります。たとえば同じような夢ばかり見る人や，ストレスがあると決まって頭痛が起きる人がいるかもしれません。こういった現象や症状が，心の奥底にある「心の声」の現れと考えるのが精神分析です。この章では，ふだんは意識されていない「心の声」を知り，自己理解によって精神的な成長を遂げることを目指す精神分析的心理療法の基礎的な概念について解説します。

1 | 精神分析学のなりたち

プラスα

転換性障害（ヒステリー）

神経症の一種で身体の一部が麻痺し，しびれが生じるなど身体症状を示す状態を指す。たとえば，失声症，心因性の難聴，心因性の視野狭窄，失歩症状として表れる。ヒステリーは防衛機制の転換が関与していると考えられている。ここでいうヒステリーは解離性ヒステリー（解離性障害）とは区別される。

語句説明

催眠療法

フランスの神経科医のシャルコー（Charcot, J.-M.）が考案した生体磁気説に基づいてヒステリーのクライアントに催眠暗示をかけて症状を解除する（消失させる）治療法を指す。

　精神分析学とは，**フロイト**（Freud, S.）やその弟子たちによる精神分析療法による治療技法論，精神病理の概念理論を含めた総称です。19世紀後半，神経生理学者であったフロイトはウィーンで開業し，ヒステリーの治療を開始しました。ヒステリーは，現在でいう「転換性障害」（DSM-5における変換性/転換性障害）に該当します。フロイトが治療したヒステリーのクライアントの多くは，オーストリア＝ハンガリー帝国時代の厳格なマナーに縛られ抑制的であり，男性優位の時代に生きた中・上流階級の女性でした。

　フロイトが考案した精神分析療法の方法は，寝椅子（カウチ）を用いた自由連想法でした。**自由連想法**とは，意識から無意識を含めた心の内面の探索手段として，心に浮かぶことを自由に語ってもらう方法です。クライアントの連想を聞いた治療者も，連想をもとにコメントを返し，それを受けてクライアントがさらに連想を展開して自己理解を深めていきます。言語を介した相互コミュニケーションによる心理療法の「誕生」でもありました。

　フロイトは当初，**催眠療法**[*]によって神経症の治療を行っていました。しかし，治療者がコントロールする状況が多い催眠療法よりも，クライアントが自由に，自己の経験や感情について語って吐露し，自由に想いを話すほうが，クライアントの心のわだかまりが解放されていき，症状が緩和されることに気づきました。当初は，ヒステリーのクライアントに共通して幼少期に性的外傷体験があるとされており，治療においてはそのような外傷体験にまつわる記憶の想起と葛藤の解放が症状の改善をもたらすと考えられていました。そして，葛藤の解放を導くだけではなくクライアントの話に圧倒されて足元がぐらつくことなく

俯瞰し，客観的に理解する力が，治療者に必要とされるようになりました。なぜならば，治療者側の中立的な心の観察眼，深い賢察をとおしてコミュニケートすることが，クライアントの自己理解を深めて，人間的な成長を促すことがわかってきたからです。

1 フロイトの理論

　ここでフロイトの理論を紹介しましょう。フロイトは，心の領域を無意識・前意識・意識と３つに分けました。無意識とは私たちが気づくことがない，混沌としたカオスに満ちた世界であり，私たちの先祖がまだ海に漂う小さな微生物であった太古の記憶を含むものと考えられています。ここにはエス（es），リビドー（性的欲動であり精神的エネルギー）の源泉が存在します。時々，この無意識が意識に上ってくることがあります。私たちが夜に見る夢や失錯行為（うっかりミス）がその一つです。たとえば学校の９月の始業式で，司会者が「これから始業式を始めます」というべきときに，「これから終業式を始めます」と言い間違えた場合，その司会者の本音である心の声（無意識）は「早く冬休みが来てほしい」ということかもしれません。前意識とは「なんとなくそんな気がする」「わかりかけている」といった認識を指します。自己感覚として明確に悟っていて，意識する状態にあることは「意識化」していることになります。フロイトは最終的に，リビドーの重要性を説きつつも，人の無意識には**生の本能（エロス）**[*]，**死の本能（タナトス）**[*]が存在するとしました。

　ちなみに，無意識がそのまま意識化されて，まったく何の統制もなく表面化して行動に結びついてしまえば，社会生活が困難な状態に陥ってしまいます。なぜならば無意識の領域にあるエスは時間軸も論理性もなく，混沌としたカオスの世界を意味し，衝動や欲求のままに赴いてしまうからです。心のバランスを保ち，健康的に生きていくためには，無意識の衝動を収めていける心の力が不可欠です。

　そこでフロイトは自我・超自我・エスを，精神活動が機能するための装置という意味で**心的装置**[*]と名づけ，心の構造を仮定しました（図8-1）。超自我は両親によるしつけをとおして学習し，取り入れた結果形成される道徳心や理想であり，エスを検閲する役割をもっています。誕生時から形成されていく自我は，常にエスと超自我からの圧力を受けつつも，人としての判断や予測，現実を客観的にとらえ，思考して調整する機能，心の傷となるような刺激を防壁し判断する役割をもちます。

　自我の重要な役割として，もう一つ，心の均衡状態を保つための処理道具である**防衛機制**を無意

プラスα

エス（es）
エス（es）はドイツ語であり，イド（id）ともいう。快楽原則だけでなく，破壊性や性的衝動や攻撃性を含む。

語句説明

生の本能（エロス）
死の本能に対抗する，生きようとし物事をまとめ上げ，統合し，新しく創造しようとする本能のことを指す。人を産み育てる力だけでなく，創作や新しい発見も含まれる。

死の本能（タナトス）
人は誕生したときから死に到達するまで生きるため，すべての物事を無に帰して破壊する本能が生来的に存在するという考えから生まれた概念。フロイトは人類の戦争の歴史が，死の本能の存在を裏づけるものと考えている。

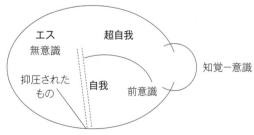

| 図8-1 | フロイトの３つの心的装置 |

出所：Freud, 1933/1969をもとに作成

表8-1　主な防衛機制の一部と症状の対応関係

症状の種類	症状形成に関る防衛機制	意識化，行動化された防衛機制
強迫神経症	打消し	水に流してなかったことにする
	反動形成	あまのじゃくな性格
	分離	嫌なことは切り離す
転換ヒステリー	転換	心が麻痺すると体も麻痺する
	抑圧	臭い物にフタをする
	同一視	相手のマネをする，あやかる
恐怖症	置き換え	本当は噛みついてくるような親が怖いが，犬を怖がる
抑うつ神経症	自己への反転	他者のせいではなくすべて自分が悪い

出所：前田，1985をもとに作成

表8-2　精神性的発達段階

発達段階	年齢	テーマと不安の種類
口唇期	0～1歳半	基本的信頼感，破滅不安
肛門期	1歳半～3歳	身辺自律，自己の欲求と社会との折り合い，トイレット・トレーニング
エディプス期	3歳～5歳	三者関係，異性の親への愛情と同性の親へのライバル視と愛情，同一化へ
潜伏期	6歳～11歳	遊びや学業，社会生活への没頭
性器期	12歳～成人	思春期危機を乗り越え，大人として性的に成熟

出所：前田，1985をもとに作成

語句説明

心的装置

自我，超自我，エスにより成り立ち，自我はエスや超自我の心的エネルギーの移動と圧力を受け，反射的に心の均衡状態を保つ機能をもつ。この変化の過程を含めた精神活動を意味する。

識のうちに働かせる機能があります。重要な防衛機制の一部を表8-1に示します。また、表には記していませんが、「転移」は最も重要な防衛機制の一つです。

転移とは、過去・現在の重要な他者（親やきょうだい）に対して抱いた情緒や行動や態度を、他者に対して向けることを意味します。そして転移は心理療法のプロセスにおいて必ず生じるものであり、ポジティブ・ネガティブなものの両方が治療者に向けられます。転移によって引き起こされた症状や行動傾向は、心理療法の作業のなかで扱われていきます。

またフロイトは，**精神性的発達段階**を提唱しました。これはリビドーが身体の一部に備給されて敏感になる身体部分が，発達に応じて変化するという発想から生み出された発達段階です。表8-2のように，生命維持のために母乳を飲む赤ちゃんは口が敏感になるために，乳児期を口唇期，トイレット・トレーニングの時期に相当する幼児期は肛門括約筋が敏感になるため，肛門期と名づけられています。また、古代ギリシャ悲劇に着想を得た，同性の親へのライバル意識と異性の親を独り占めしたい欲求からの葛藤（エディプス・コンプレックス）が生じるエディプス期，リビドーが潜伏する潜伏期，性交をとおして異性愛にもとづく交流が可能となる性器期へと発達が進むとされています。

2　神経症の理解

神経症とは，その人がもつパーソナリティや心の葛藤，過酷な現実や環境の影響による機能障害が生じて，日常生活での適応が失われている状態のことを指します。パーソナリティの一貫性があり，客観的な認識が可能でありつつも，症状によって行動に制限が生じてしまうのです。

たとえば，日本人の神経症で多いといわれる対人恐怖症の大学生を例にあげ

ると，人前でスピーチすることが強い緊張をもたらし，声が震えてしまうので，人前で発表する機会を回避してしまうということが生じます。このような神経症には，前述の「転換性障害」のほかに「不安障害」「強迫性障害」「不安神経症」が含まれ，DSM-5 の不安障害群や強迫症および関連障群に該当します。

　神経症を理解するには，精神性的発達段階，**固着***の概念も重要です。固着とは，リビドーが滞って淀みのようになっていることを意味します。強い欲求不満や逆に過剰に満足が与えられた結果，そこに再び戻り滞留しようという思いが残っているところであると考えると，わかりやすいでしょう。固着している地点を固着点といいますが，それが先の表 8-2 のどの発達段階にあるのかが，重要です。また，エスと超自我と自我の力のせめぎあいを，力学的なベクトルで理解することができるので，「力動論」ということがあります。精神力動的心理療法という名称は，精神分析学をもとにした心理療法であることを意味します。ここでケースを提示して，神経症についての理解を試みましょう。

事例 1　**満たされない依存欲求により足のしびれが生じた女児**

　夏海さんは小学校 4 年生で，3 人姉妹の次女です。母親も父親も共働きで，厳格でしつけに厳しい祖母が夏海さんを含めた孫 3 人の面倒をみています。祖母は，成績の優秀な中学生の長女を溺愛し，夏海さんの 1 歳違いの妹を甘やかしていました。夏海さんは，大変聞きわけが良く手がかからない子どもでした。長女は部活動や受験勉強に勤しみ，一番下の妹も体操教室に通っていて，長女も妹も夏海さんとほとんど遊ぶことはありませんでした。夏海さんが小学 1 年生のとき父親は海外赴任し，それ以来，父親は海外で数年間ずっと家族と離れて暮らしており，母親は仕事で忙しくしています。夏海さんは習い事のピアノをよく練習して不満を言ったことはありませんでした。そんななか，運動会があり，夏海さんと妹が出る運動会を見るため，父親も一時帰国し，母親も仕事を休んできてくれる約束をしてくれました。とても夏海さんは喜んでいましたが，1 週間前に父親は仕事のため帰国できないことがわかり，母親も当日仕事のために遅れてきて，夏海さんが出るリレーの時間に間に合いませんでした。夏海さんは，見に来ていた祖母にお昼休みの時間に会いに行き，「お母さんはどこ？」と聞くと，「お母さんはまだよ」と言われてショックを受けました。その 10 分後，夏海さんは「足がしびれる感じがして，歩けない」と言い始めました。そして午後からは足に力が入らず，競技に出られなくなり運動場のテントで休みました。それ以降，足のしびれが継続し，歩くのもやっとの状態になってしまいました。その後夏海さんは，「学校に行きたくない，歩けない」といって周囲に甘えるようになり，母親とお風呂に一緒に入りたいと要求し，幼児のようにあとを追って家族全員につきまとうようにな

語句説明

転移（transference）
転移には，陽性転移（positive transference）と陰性転移（negative transference）がある。陽性転移は信頼や肯定的感情に基づく。たとえば治療者に対して「信頼ができ理解してくれる理想の治療者だ」と思うこと。一方陰性転移はその逆で，否定的な感情を抱いて，態度を見せるなどである。言語的にも非言語的にも直接的にも潜在的な形でも生じ，治療場面では常にこの両者が起きているものとみなす。たとえばクライアントは「何でも自由に話してよい」という治療者に対して，受容的で理想的な親のように感じつつ，つらい話を聞くだけで実際に手を差し出して現状から救ってくれないことで，非援助的な親の姿を重ね合わせることがある。

固着
強迫神経症は肛門期，ヒステリー症状や恐怖症はエディプス期といった具合に，固着点が精神性的発達段階のどこにあるかによって，現れる症状が異なる。

りました。夏海さんへの**遊戯療法***を開始した心理師は，複数のぬいぐるみと動物人形が，子どもの人形だけを仲間はずれにしてドールハウスの階段から突き落とす遊びを目にしたとき，悲しみを感じました。さらに心理師に「先生ずっと見ていてね，私がやること見ていてね」と常に繰り返し確認してひざに乗ってくるので，時々要求がましさも感じていました。

語句説明

遊戯療法（play therapy）
ドールハウスや家族人形，動物人形，ミニカーや折り紙，描画セットなどが置いてあるプレイルームで，クライアントの子どもが遊具で自由に遊ぶことをとおして，心の葛藤を表現する。また，その遊びの内容や治療者によるコメントをとおして自己理解を深め，心の成長がもたらされる。対象は幼児から児童である。

プラスα

性的体質
性的体質とは，その人が持つエスの性質を含む遺伝的要素を意味するため，歴史前つまり原始の時代の記憶や，遺伝的に規定された性格を意味する。

語句説明

退行
防衛機制の一つで子どもがえりすること。

フロイトは，次のように神経症発症の原因を説明しています（Freud,1916/1970）。図8-2に従い，事例の場合を考えてみましょう。

夏海さんは手のかからない子どもだったようですから，もともと大人しい赤ちゃんだったのかもしれません。また1歳を少し過ぎたころに母親が職場復帰をしました。1歳過ぎは，口唇期にあたり，よちよち歩きの時期で，母親の後追いをする時期でもあります（性的体質〔歴史前の体験，生物学的・器質的要素〕）。仕事で忙しい母親に甘えることができず，また，大人しい性格の夏海さんは注目を集める姉と末の妹の間にはさまれて，祖母との関係も希薄で第一次反抗期もない子どもでした（幼児期の体験・または習慣化した外傷的経験や出来事）。夏海さんは，よく遊んでくれた父親の海外赴任を小学1年生で経験したことからエディプス期にも固着が生じていることも考えられます。そこへ，運動会に父親が来られないこと，母親も遅刻し夏海さんの競技を見ることなく妹の競技には間に合ったことから，自分だけ関心をもってもらえないという絶望的な気持ちに耐えられず，神経症を発症したと考えられます（トラウマとなる偶発的な出来事）。

ヒステリー症状は，表8-2に示したエディプス期に固着点があって生じると考えられています。また表8-1に示した抑圧，転換という防衛機制が症状形成に関与し，足がしびれるという身体症状が生じた，つまりヒステリー症状を呈したのだと考えられます。この身体症状についての無意識のメッセージは，心の痛みを実感するとつらいためにしびれ同様に体の一部を麻痺させていることを意味します。

しかし，夏海さんはそれ以前の乳幼児期にも固着があるはずです。夏海さんは父親と母親，祖母，姉妹にもかまわれなかった寂しさや悲しみに耐えられなかったのでしょう。**退行**してまるで自力で歩けない赤ちゃんのようになってしまい，親に身体接触を求めて寂しかった乳幼児期をやり直

図8-2　神経症発症の原因

性的体質（歴史前の体験，生物学的・器質的要素）

幼児期の体験・または習慣化した外傷的経験や出来事

リビドー固着による素因（発達のどの時期に色濃く固着しているのか）

偶発的でトラウマとなるような出来事1＋出来事2……

発症

出所：Freud, 1916；小此木ほか，1987をもとに作成

しているようにも見えます。心理師が**逆転移**[*]として感じた悲しみは，夏海さん自身の悲しみの一部でもあるのです。

2 ｜ 力動的心理療法の各学派

　フロイトはユダヤ人であったため，第二次世界大戦時にナチスの迫害から逃れてイギリスに渡り，没しました。他の弟子たちも迫害から逃れて各国に移住したことで，現在，いくつかの学派に分かれて学問的継承がなされています。

　また，フロイトの弟子であったユング（Jung, C. G.）やアドラー（Adler, A.）はフロイトから離反し，独自の心理学を提唱しました。ユングは神話や全人類に共通する無意識こそが，人間の心を左右すると説いた分析心理学を，アドラーは劣等感や共同体感覚に着目した考察を行い，アドラー心理学を創始しました。

1 自我心理学派

　ナチスの迫害から逃れてフロイトとともにイギリスに渡ったアンナ・フロイト（Freud, A.）とウィーンから米国に移ったフロイトの弟子たちを中心に発展しているのが「自我心理学派」で，フロイトの理論を踏襲して特に環境の重要性と自我機能に重きをおいています。たとえば，不登校の子どものために，親の子どもへの関わり方がよりよくなるよう，環境調整を図るべく親に面接を行うのは，自我心理学派らしい発想です。

　また前述の防衛機制はアンナ・フロイトが中心となってまとめられました。1950年代から60年代にかけて，アメリカの精神医学会はこの自我心理学派が主流となり，人格障害に関する病理理解や治療において，大きな貢献をなしています。また，現在のアメリカにおける自我心理学派の研究者は，量的・質的研究を行い，治療的効果のエビデンスに貢献しています。

2 クライン学派

　クライン（Klein, M.）は，フロイトの弟子であったアブラハム（Abraham, K.）の影響を受け，また児童分析の経験から，フロイトとは異なる視点で新たな概念を提唱しました。たとえば**原始的防衛機制**[*]（表8-3参照）や，**妄想・分裂ポジション**[*]，**抑うつポジション**[*]概念といったものです。クライン学派は，自我心理学派よりも人の内面世界に重きをおくため，不登校であれば子どもの内的対象（たとえば親イメージ，学校イメージ）が変化することが，精神的な成長や人格の健全さを育てると考えます。環境への適応や症状除去にエネルギーを注ぐ

【語句説明】

逆転移
クライアントから向けられた転移やクライアントの言動や現実生活に対して，治療者側に生じた感情を意味する。かつては治療の妨げになるとして忌むべきものとされたが，現在では必然的に引き起こされるものと考えられている。治療において，クライアントの心情理解に役立てる。

【プラスα】

アンナ・フロイト
フロイトの末娘。父親の提唱した防衛機制概念を整理した。また自我心理学派の代表的な立場をとった。亡命後はイギリスのハムステッドで子どもの治療に携わった。

【語句説明】

原始的防衛機制
生後1年の間に働く防衛機制であり，フロイトが考える時期よりも，より早い時期に生じる。原始的防衛機制には，分裂，投影性同一視（化），否認，羨望，万能感，否認，脱価値化がある。

妄想・分裂ポジション
生後5〜6か月までの乳幼児の環境や刺激，コミュニケーションに対する構えのことをポジションという。妄想的で善か悪かに二分するような認識世界，もしくはバラバラに断片化した自己感覚を示す。ポジションは人生への構えとして，幼児期以降も存続し続ける。

語句説明

抑うつポジション

生後5〜6か月以降の乳幼児の環境や刺激，コミュニケーションに対する構えであり，離乳を機に生じると考えられている。抑うつポジションは悲哀や罪悪感を実感できることを意味する。離乳を迎えた赤ん坊は，常に世話をしてくれる母親が自分とは異なる存在であることに気がつき，感謝や償いの気持ちを抱くようになるからである。

対象関係

対象とは，心の中の他者であり，ベースとなるのは「瞼の母」ともいえる，内在化された親イメージである。内在化されている対象を内的対象，現実の他者は外的対象といって区別することもあるが，基本的に対象とは内的対象を意味する。対象関係，つまりクライアントがどのような他者イメージを想像し心のなかで関わっているかを重視するクライン学派と独立学派を，対象関係論学派という。

表8-3　原始的防衛機制

	原始的防衛機制	原始的防衛機制の性質
妄想・分裂ポジション	分裂	完全に良い性質，悪い性質とに分けられる認識や表象。健康な部分においては良いものと悪いものを区別できることを意味するが，病理的には自我の断片化と，歪曲した認知や倒錯をもたらす。
	投影性同一視（化）	初期には不快な身体感覚も含む望ましくない部分を自己から追い払い，自己以外の対象に外在化させること。共感や伝達，逆転移を引き起こす。
	羨望	羨望は良い対象をその良さゆえに攻撃し，侵入して支配し，破壊して台無しにしようとする幻想。
抑うつポジション	万能感	万能感は完全無欠幻想でもあり，また完全に対象を支配しつくせるという幻想でもある。
	否認	否認とは自我や対象の喪失や対象の重要性および悲哀やうつ感情，罪悪感のような情緒を認めないことを意味する。
	脱価値化（理想化）	分裂の結果，良い対象が理想化されることになるので，片方の対象は脱価値化される。取るに足らない，傷つけても破壊されてもかまわない悪いものと認識される。

出所：前田，1985をもとに作成

ことよりも，いかに内面を理解し，**対象関係***を変化させていけるかを重視します。また超自我も，フロイトが考えるよりも，もっと早期から存在していると考えています。

　さらに，クラインはエディプス期をフロイトとは異なる視点で描きました。クライン学派の考えるエディプス状況は，フロイトよりももっと早い段階で展開するものとされています。たとえば母親に抱っこされて赤ちゃんがウトウトと眠っている心地よい母子融合の世界から，ドアがバタンと閉まる音が聞こえて目覚めて泣くこと（融合幻想から覚めること）も極めて早期のエディプス状況と理解します。

3　独立学派

　独立学派とはクライン学派から分派し，内的対象世界とともに環境のあり方も重視している学派で，ウィニコット（Winnicott, D.）がそのメンバーとしてよく知られています。母親のほどよい養育を支える，環境としての父親の存在についても考察しているところが，クライン学派とは異なる観点でもあります。それは，子どもが育つために必要な「抱える環境」の重要性を強調していることになります。

　ウィニコットはまた，スヌーピーで知られている漫画「ピーナッツ」のライナスがいつも持ち歩いている毛布のように，幼児が母親との一体化幻想から分

表8-4　自我心理学派とクライン学派，独立学派の子どものプレイセラピーの観点

自我心理学派	クライン学派	独立学派
両親や養育環境の重視，子どもの心は環境から影響を受けている	子どもの無意識的な空想を重視し，乳幼児期から自己は確立されているとみなす	子どもの空想は内的対象と環境との相互作用により錯覚から脱錯覚へと変化する
子どもと共に遊び，プレイに誘導すること。指示的に接することもある	定点観察をして中立的・受動的な子どもとのコミュニケーションを展開	クライン学派と同様だがスクイグル・ゲーム等子どもとの相互コミュニケーションを展開

出所：木部，2006をもとに作成

離へと移行するときに愛着をもつ，お気にいりのぬいぐるみやタオルを，「移行対象」と名づけました。クライン学派や独立学派は**対象関係論学派**と言われ，特に子どもの遊戯療法（プレイセラピー：play therapy）において，自我心理学の立場とは異なるアプローチをとります（表8-4）。

4　新・フロイト派

　新・フロイト派とは，ナチスの迫害を逃れてアメリカに移住した弟子たちと，もともとアメリカで精神分析を行っていたグループが混ざり合い，対立するなかでフロイトの考えを社会学的に発展させたグループを指します。アメリカの文化に影響を受けつつ，より環境主義的な観点で治療を展開し，人と人の関わり方，社会が個々人に及ぼす影響力について意義深い考察を行っています（Milton et al., 2004/2006）。

　なかでも，サリヴァン（Sullivan, H.）は対人関係論を展開し，心理臨床の世界でよく知られている「関与しながらの観察」という，治療者がいかに治療的にクライアントと関わるか，を示す重要な概念を提唱しています。

5　ラカンとパリ心身症学派

　フランスではギリシャ大公妃のマリー・ボナパルトの支援によって，フロイトの弟子たちは難民になることなく自国にとどまり，初期のフロイトの理論をベースに独自の考察を展開しました。なかでもラカン（Lacan, J.）は，独創的なアイデアをもって，人間の存在の本質を考察しています。

　たとえば，フロイトやクラインが死の本能・生の本能を意味する，「破壊対統合」のプロセスをもって人間存在を理解するのに対し，ラカンは人の本質とは，「分裂と喪失のプロセスの繰り返し」であるととらえています。分裂と喪失の連続から生じた欠損が人の本質であることから，本当の自己や存在の中心はないというのです（Milton et al., 2004/2006）。

　また，ラカンの考えで最も知られているのは，**鏡像段階**という概念です（表8-5）。たとえば統合失調症や自閉スペクトラム症のクライアントは，主体と

プラスα

ポジション概念
表8-3に示した2つのポジションは，その後の人生において両者を行き来することになる。ただし妄想・分裂ポジションは恐怖に満ちた世界でもあり，統合失調症や境界性人格障害の心の世界を占め，抑うつポジションは心の痛みや悲哀，現実に即した喜びも含めて他者に共感することができる健康的な心の世界である。抑うつポジションにおいても，分裂や投影性同一視は働くのだが，抑うつポジションに移行する段階で実感することになる悲しみや罪悪感を防衛するために生じるのが，躁的防衛とよばれる，万能感・否認・脱価値化である。

関与しながらの観察
対人関係論学派のサリヴァンは，クライアントと関わる治療者には，クライアントの気持ちに寄り添いつつも，冷静かつ客観的な視座をもって両者のやりとりの意味を理解する観察眼が必要だとした。

表8-5　ラカンの鏡像段階の内容

鏡像段階	知覚と認識
寸断された身体の空想	子どもは自分の身体をバラバラになっているものと知覚する
第1期	鏡像の中の自分の姿は他者の像として認識され，他者の像が自分としても知覚される
第2期	鏡に映っている姿は，像にすぎず，実在でないことを悟っている
第3期	鏡に映っているのは像であり，自分が映っているものなのだと悟っている

出所：Palmier, 1970/1988をもとに作成

客体の区別がつかず，心がバラバラになるような感覚を訴えることがあります。それは鏡像段階の第1期やそれ以前の寸断された身体の空想にとどまり，象徴的な次元に到達していない状態ともとらえられるでしょう（Palmier, 1970/1988）。

3 ｜ 精神分析の新しいあり方

1 短期力動療法・時間制限療法

　行動や症状に焦点化して短期間での問題解決に導く認知行動療法と比べ，精神分析的心理療法は深く豊かな自己理解や人格の成長，対象関係の変容を得ることを目指すので，治療終結に至るまで長い時間がかかることは否めません。しかし現代の問題解決志向型の風潮と，経済・時間的制約に合わせ，治療目標と終結までの回数（12回から40回程度）と面接の日時をあらかじめクライアントに明確に提示する短期力動療法や時間制限療法という短期解決戦略も提唱されています（丸田，1981；Solomon et al., 2001/2014）。

　これらは転移解釈や防衛機制の解釈を積極的に行います。対治療者や社会生活で生じる転移関係を取扱い，クライアントの環境への適応性をサポートし，心理療法終結に向けて治療から離れていく不安を扱います。公認心理師を目指す大学院生は，トレーニングの一貫でケースを担当する場合，大学院修了までの時間的制約がありますので，これらの技法を応用して実践経験を積むこともできるでしょう。ただし，この短期力動療法・時間制限療法はすべてのクライアントに対して適用できるというわけではありません。適するクライアントであるかどうかを見極める，アセスメントの力が相当に求められます。

2 FTT：成長障害へのアプローチ

　FTT[*]（Failure to Thrive）とは，診断名ではなく症候群として位置づけられている乳幼児の成長障害のことであり，器質性と非器質性のものとに分かれています。精神分析的アプローチが試みられてきたのは，非器質性のFTTのケー

FTT（Failure to Thrive）
年齢と性別に応じた体重に対して一貫して，あるいは徐々に進行するかたちで3〜5パーセンタイル未満にある状態を指す。身長も小さく，他の身体機能の発達が遅れている場合がある。

スであり，これは貧困，虐待やネグレクト，授乳時のケアや働きかけが赤ちゃんにふさわしくないことで起こる成長障害のことです。非器質性のFTTの背景にみられることとしては，経済的な問題や望まない妊娠，家族の機能不全が多く，相談機関や医療機関に自ら援助を求めることが困難な場合があります。低栄養の状態は，赤ちゃんにとって命の危険に瀕する事態であるので，緊急介入が必要なのです。

米国のミシガン州においてフライバーグ（Fraiberg,S.）らは，小児科医・保健師・心理師・ソーシャルワーカーを含めたチームで，家庭訪問型の非器質性FTTの家族への育児支援を行ってきました。介入は，あくまで赤ちゃんの健康と適切な哺育，離乳食の提供と親子のコミュニケーションの進展が最優先事項になります。母親や父親の過酷で苦難に満ちた成育歴による深い心の傷や人間不信感を視野に入れつつも，精神分析的な視座から，親が乳幼児により適切で健康的に向き合えるように支援します。「赤ちゃん部屋にとりついたお化け」を退散させるためにです（Fraiberg et al.,1975）。

たとえば，親に虐待，遺棄された経験をもつ母親が，赤ちゃんが泣き叫んでいるのに，長時間無視してあやすのを放棄してしまうのは，母親が子どもだったころに，自分自身の悲しい記憶や泣きたい気持ちを十分に共感し理解され，抱えてもらった経験がないからかもしれません。治療チームが，母親の内的な子どもの部分の気持ちに寄り添って傾聴することで，赤ちゃんの泣き声を聞いて反応する余裕が母親の心のなかに出てくるかもしれません。

母親の赤ちゃんへの語りかけやあやし方に対して「赤ちゃんがママにあやしてもらってとてもうれしいみたい」と支持し，「もっとこういうふうにしたら離乳食を食べてくれるかもしれないですよ」と適切なモデルを助言とともに提案することもあります。コミュニケーションを図りつつ，ポイントを押さえた介入をして，両親が赤ちゃんの情緒的ニーズにこたえられるようにし，親としての自信を回復できるようにサポートを行うのです。

3　メンタライゼーション

近年，人が自分や他者の心を理解すること，自分の心のうちを認識する意味での「メタ認知」と関わる，新しい概念が提唱されています。それがメンタライゼーションです。これは，精神分析家で発達心理学者でもあったボウルビィ（Bowlby,J.）のアタッチメント研究をベースに発展しており，脳神経科学や心の理論，発達心理学とも関連し，認知行動療法とも共通する概念，および心理療法のスタイルでもあります。フロイトは精神世界を論じた点でメンタライジングにつながる見解を提唱しており，後のビオン（Bion,W.）のα機能の考えもメンタライジング機能に近いと考えられています。

メンタライジングの定義は難解ですが，心を想像して知覚し，理解し内容を

プラスα

「赤ちゃん部屋にとりついたお化け」（Ghost in the nursery room）
フライバーグらが述べた比喩表現である。両親の過去の外傷体験が無意識的に子どもとの関わりでも反復され，赤ちゃんの健やかな成長を脅かしてしまうことを意味する。

メンタライジング
たとえば小学生の子どもが以下のように母の日に何をプレゼントしようか考えているとする。「折り紙のお花をあげたらママは喜ぶかしら？　それともお兄ちゃんと一緒に本物のお花をあげたほうがいいかな，お兄ちゃんのおこづかいでお花は買えるのかな？聞いてみよう！」。ここには，母親の喜ぶ姿のイメージ，折り紙を折ることができるという自己認識，何が母親のプレゼントとして適切なのかの推測，兄のおこづかいで購入が叶うかどうかという他者状況の想像と実行も含まれており，メンタライジングといえる。

咀嚼していることだと考えるとわかりやすいでしょう。また行うこと，行いつつあることを含みます。これは自己に向けられたもの，他者に向けられたものの両方を意味します。つまり自分と他者の心を想像し，推測し，関係するものごとを想起し行動にいたる認知操作全般を示すものです。

　ちなみにメンタライジングには**黙示的メンタライジング**[*]と**明示的メンタライジング**[*]があります（Allen & Fonagy,2006/2011；上地,2015）。メンタライジングの機能を育て，日常の人間関係において発揮していくことが重要であるとしたフォナギーとベイトマン（Fonagy&Bateman）は，メンタライゼーションの回復を目指す技法を体系化して，MBT（Mentalization-based treatment）を提唱し，実証的なアプローチを展開しています。

4 ｜ 精神力動的アプローチの実際

　ここまで**精神力動的アプローチ**を見てきましたが，実際にどのように心理面接を行っていくのでしょうか。精神力動的なアプローチでは，まず治療の見とおしを立てるためにアセスメントを行い，いかにしてこのような状態に至っているのかをクライアントに伝え，**治療契約**を治療者とクライアントとの間で取り結び，進めていきます。

　まず，治療の見とおしを立てるために，3～5回のアセスメント面接（診断面接）を行います。アセスメント面接ではクライアントの家族構成や生活歴，相談歴を聞き，中核的な葛藤テーマが何か，対象関係の特徴や外傷体験のパターンが何であるかについて検討します。また子どもの治療でも成人の治療でも同様に，基本的に①生物学的な素質，②環境の影響，③心の発達やその人が繰り返している関係性のパターンや外傷体験の性質，を考慮します（木部,2012）。アセスメントで検討するポイントを図8-3に示しつつ，下記の事例

語句説明

黙示的メンタライジング
直観的で無意識的なものも含み，意図や，注意や努力は必要としない。言語以外の即時即応的なやりとりにも反映される。たとえば，授業の単位を落としてしまい落ち込んでいる友人の様子を見て，無意識的に意図せず声のトーンを下げて，どうしたの？といって声をかけることが当てはまる。これに対応しきれない状況が生じると意図的な明示的メンタライジングが用いられる。

明示的メンタライジング
心について言語的に対話することを意味する。カウンセリングや心理療法における対話そのものが当てはまり，目的と意図をもった言語反応である。落ち込んでいる友人がいるが，その理由がまったく見当がつかないとき，「いつもと様子が違うし，いったいどうしたの？落ち込んでいるみたいだけど」と尋ねるのは明示的メンタライジングを意味する。

図8-3　アセスメントで検討するポイント

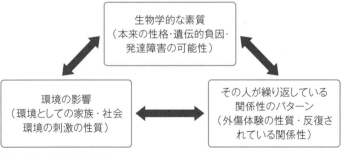

出所：木部,2006をもとに作成

をみていきましょう。

事例 2　　視線恐怖から就職活動に不安を覚えた大学生

　就職活動を間近に控えた地方出身の大学 3 年生の陸太さんが「電車に乗ると気分が悪くなる。人の目線が怖いので，面接で自分の言いたいことを言えるかどうか心配だ」という主訴で医療機関を受診しました。主治医はATスプリット*による治療マネジメントをすることにして，心理師に心理療法を依頼しました。

　陸太さんは 1 回目の面接で，大学入試のときも気分が悪くなり，腹痛がしたこと，そのとき「ここからしばらく出られなくなる」ということを考えていたと語りました。人の目線が怖いのは，中学に入ったころからで，自分の目線が人に不快感を与えてしまい，人が自分をどう思うのかを考えて人の目線が怖くなったと語りました。さらに，陸太さんが自分の考えや意志を人に伝えると，否定的に評価されるのではないかと考え，就職活動で自己アピールをすることが怖いと語りました。2 回目の面接では，陸太さんの家族構成と生活歴を中心に話を聞きました。陸太さんの両親は陸太さんが中学生のときに離婚をしており，それまで陸太さんと姉の目の前で，物が飛びかう夫婦げんかを目撃してきたこと，そのときの恐怖感や心の苦痛を誰にも話をしたことがなく，家族の争いが絶えない家だと人に知られたくないので，びくびくしていたと語りました。3 回目の面接では，陸太さんは関東で就職をしたいけれども，母親が陸太さんに地元へ戻ってほしいと思っているので，今後の進路のことで悩んでいると語りました。

　心理師が計 3 回の面接で，アセスメントをした内容は以下のとおりです。①両親のけんかを目前で見て止めなくてはいけないという意識により，その場から立ち去れなかったことが，電車内の閉じられた空間という刺激で思いだされてしまうのではないか（図 8-3：その人が繰り返している関係性のパターン / 環境の影響），②家族の問題を人に知られたくない思いから人の目が気になっており，家族の問題が他者にわかるとその人が不快に思うのではないかと考えることで，自分の目線が人に不快感を与えてしまうと考えるのではないか（図 8-3：生物学的な素質 / その人が繰り返している関係性のパターン），③就職活動を前に母親との意見の対立が起これば，父親と母親の意見の対立のようになってしまうのではないかと恐れており，それが電車に乗ると気分が悪くなること，面接で自己アピールをすることの不安に関係しているのではないか（図 8-3：環境の影響 / その人が繰り返している関係性のパターン）。これらをアセスメントの結果として伝えました。

　陸太さんは「確かに，地元に帰るか関東で就職をするかで悩みはじめ，それから症状がひどくなっている気がします。母親をがっかりさせたくな

プラスα

MBT
（Mentalization-based treatment）
フォナギーとベイトマンは，愛着（アタッチメント）システムの文脈内での，メンタライジング能力の向上や回復を目指す技法としている。特に境界性人格の治療に有効であるとされている。洞察試行的というよりも，何を感じ，何を考えてどう行動したのかを自ら気づくことができるようにすることを目指す方法である。

語句説明

ATスプリット
薬物療法と全体的な治療マネジメントは主治医が，心理療法は心理師が行うという役割分担で治療を行うこと。診療所ではこのような形態が多いが，精神病院や総合病院では，ほかに看護師，精神保健福祉士も治療チームとして参加して役割分担をすることになる。

語句説明

治療契約

たとえば，①料金が一定であること，②毎週同じ曜日・同じ時間・同じ部屋で面接を行うこと，③終結についてはあらかじめ取り決めておかないこと。④自傷他害の恐れによる面接の継続が困難な場合には，中断もあり得ることをクライアントとの間で同意，取り決めて契約をする。

治療抵抗

外傷体験に関わる，また症状に深くつながりをもつ無意識の葛藤や辛い感情，記憶にふれることを回避するため，治療の進行の妨げになるような行動，コミュニケーションがクライアント側に生じること。

プラスα

夢の内容

夢の分析によってエディプスコンプレックスを発見したこともあり，フロイトは夢を「無意識の王道」と言い，重視している。夢は無意識の願望や葛藤，日常生活の記憶も凝縮（圧縮）されていると考えられている。夢として記憶に残っている内容について自由連想法で取り上げる。ユングの分析心理学でも，夢を治療において扱い，クライアントの自己理解に役立てる。

い気持ちがあるのです」と答えました。そして，継続して心理療法を続けることを同意されました。

　精神分析的な心理療法をスタートするには，**治療契約**＊を結びます。いざ治療が始まると，**治療抵抗**＊や，転移によって複雑な感情や態度や防衛，コミュニケーションが治療者に向けられ，夢の内容も扱われます。無意識の心の声を聞いて明らかにし，葛藤のありかを見出していく長い道のりの作業を行うためには治療者－クライアントの協力関係が不可欠であり，それを**作業同盟**といいます。作業同盟はクライアントと治療者，双方の信頼関係に基づいて取り結べていることが重要です。

　治療者は，クライアントが症状にいたる道筋や様々な葛藤や心の痛みを理解しながら，困難さに耐え得る心の成長に向かうためのプロセスをともに眺めつつ，伴走する役割を担っていくのです。

考えてみよう

　心理療法を開始するとして，短期力動療法や時間制限療法を導入できるかどうか判断するとすれば，クライアントのどのような心理的側面について検討するのがよいでしょうか。

🪶 本章のキーワードのまとめ

自由連想法	クライアントは思い浮かんだことを自由に語り，クライアントの語った内容について治療者側も，自らの知見や思考，イメージを用いて応答して伝える，相互対話による治療方法。
生の本能と死の本能	生の本能はエロス，死の本能をタナトスという。人間には，物事をまとめ上げて統合し，繁栄に向かう生の本能と，無に帰するように破壊と死へと進む死の本能の2つが存在するという説。
精神力動的アプローチ	人間には無意識が存在することを前提としており，心の構造モデルや，精神的な症状発症のメカニズムや，治療技法論も含めた，精神分析的な方法論を指す。
心的装置（心の構造モデル）	自我，超自我，エスの3層構造からなる人の心の構造のことを指している。自我は常に現実の脅威や超自我とエスからの圧力を受けている。心のバランスを保つために自我は防衛機制を作動させる。
防衛機制	心のバランスを保つために自我が無意識的に働かせる処理道具のようなもの。防衛機制は，非合理的に柔軟性を欠いて過剰に働くことにより，症状化する。
精神性的発達段階	リビドーが主に充当される身体部位が発達によって変化することで，口唇期・肛門期・エディプス期・潜伏期・性器期という段階をたどるという発達段階説。
転移・逆転移	クライアントが治療者に向ける感情や態度様式は転移，治療者のクライアントへの感情や態度様式は逆転移という。逆転移は必然的に生じるものだが，治療に役立つものとそうでないものとがある。
対象関係論学派	クライン学派や独立学派の立場がとる精神分析の理論。対象（人や物事に対する心のイメージ）の性質や，対象との関係を分析的考察に据えるあり方。
原始的防衛機制	クラインが述べた生後からおよそ1年までの乳幼児の心の世界で現れる防衛機制のことで，その後の人生でも存続する。投影性同一視（化），分裂がその例である。
作業同盟	心理療法において，クライアントが内省を深めて治療目標を達成し，深刻な心の課題に取り組むために必要な，治療者への信頼感を基盤とした協力関係のこと。

第9章 行動で心の動きをとらえる（行動主義：行動療法）

この章では行動主義とこの立場からなされる臨床実践である行動療法とを解説します。20世紀前半に登場した行動主義と行動療法は絶え間ない進化を続け，21世紀を迎えた今，機能的文脈主義と第3世代の行動療法へと発展しました。この章では手をきれいに洗わないと気が済まないという大学生の具体的な事例をもとに，行動療法の成り立ち，機能的文脈主義，そして，新たな行動療法の実践についてみていきましょう。

1 ｜ 「心」を扱うのにどうして「行動」主義なのか

1 どうして「行動」なのか

行動主義（behaviorism）とは，心理学の一つの立場です。心理主義ならなんとなくわかりそうですが，なぜ行動主義なのでしょう？　一般に人が人の心をとらえようとするとき，やる気や期待感，愛情，性格といったものがその人の内側にあって，それらがその人の振る舞いに影響を与えると考えることがあります。たとえば，相手が遅刻したときに「誠意が欠如している」ととらえるのもこの類です。ところが，目には見えない心についてそのように主観的に推測することは，人によってとらえ方が違っていたり，同じ一人の人のなかでも一貫性なくブレてしまったり，あいまい過ぎてしまったりして，心を科学的に検討しようとしたときには大きな難点があります。そこで登場したのが行動主義です。ちなみに，この行動主義が後に認知的なアプローチと合わさり認知行動的アプローチをつくり出していきます。

行動主義とは，心を科学的に検討しようという意志をもった人たちの立場のことです（Baum, 2004）。ワトソン（Watson, J.B.）の提唱した最初の行動主義では「目に見えるものだけを扱う」という立場をとっていました（Watson, 1913）。その後，スキナー，ハル，トールマンらはワトソンとは異なった立場の行動主義をそれぞれが提唱し，それらは「**新行動主義**」と一般的によばれます。それぞれが異なった行動主義ではありますが，ワトソンにおいてはブラックボックスとみなされていた認知についても積極的に扱うという共通性をもっています。また，現在一般に行動主義とよばれているものは，主にワトソンが

98

提唱した方法論的行動主義とスキナー（Skinner, B.F.）が提唱した徹底的行動主義とに分けられます。とりわけ，スキナーによる徹底的行動主義は，現在ヘイズらによって洗練され**機能的文脈主義**（functional contextualism）とよばれるようになっています（Hayes et al., 2012）。機能的文脈主義は，行動の「予測かつ影響」を目的とした科学的なプラグマティズムのことで，行動を単に予測するだけのモデルの構築よりも，実践的に役立つ知識の集積を目指します。この機能的文脈主義は，科学を重視するという意味で，認知行動療法のモデルや認知科学と似ています。しかし，いわゆる科学的な立場とはかなり異なる部分があります。ここでは機能的文脈主義の立場について，一般的にイメージされるような科学的な立場と比較しながらその特徴を示したいと思います。

　一つ目に，機能的文脈主義は「行動（もしくは相互作用）一元論」の立場をとります。いわゆる心のなかの世界（例：意識や無意識，認知，**スキーマ**[*]）と外の世界（例：目に見える行動，物理的世界）を別々にとらえるような二元論ではないということです。ここではっきりさせておくべきことは，機能的文脈主義において「行動」とは主体と世界との相互作用を意味するということです。機能的文脈主義では認知，思考，感情，こころといったものもすべて含めて行動という相互作用としてとらえるのです。

　二つ目に，機能的文脈主義は，プラグマティズムという立場をとります。プラグマティズムとは，「役立つことこそが真理」ととらえるちょっと大胆な立場です。一般的にイメージされる科学では，客観的に存在している真理を明らかにしようとします。しかし，プラグマティズムでは，たとえば目の前のクライアントの生活の質が実際に高まるような発想，技法，関わり方こそが真理であると考えます。どこまでも実践性を重視するのです。

　つまり，機能的文脈主義では，物理的世界（目に見える行動の世界）にも精神的世界（目には見えない心の世界）にもシンプルに一貫性をもって対応可能です。機能的文脈主義の目的はクライアントの行動がどうなるかを予測したうえで，的確に**エンパワー**[*]する具体的方法論を編み出すことにあるのです。

2　事例からみる行動主義，行動療法とそのアセスメント

事例　**止められない手洗いに苦しむ由美さん**

　由美さんは，21歳の大学生です。あるとき由美さんは，とある音楽サークルで知り合った一学年上の先輩，遊希（ゆうき）さんと意気投合し，やがてその先輩と交際するようになりました。遊希さんはとても優しく楽しい性格の人でしたが，あるとき由美さんは遊希さんが他の女性とも同時に交際をしていることに気づいてしまいました。由美さんはとても動揺した

プラスα

機能的文脈主義
機能的文脈主義は，新行動主義の一つである徹底的行動主義（スキナーによって提唱され，生体の内部の現象も含めて科学的に扱おうという立場）が洗練された世界観である。

語句説明

スキーマ
スキーマとは，その人を取り巻く刺激やその人自身の体験に何らかの意味を与えるようなその人が抱えている中核的な信念のことである。スキーマは，認知療法において鍵となる概念である（Padesky, 1994）。

語句説明

エンパワー
エンパワーするとは，その人が本来もっている力を発揮できるよう促すことをいう。

ものの，その事実を遊希さんに突きつけるのが怖くて，自分のなかで辛い現実をごまかすようにして，だましだまし遊希さんとの交際を続けていました。ちょうどその頃，大学で実習が始まりましたが，この実習は慣れないことが多く由美さんにとって大きなストレスの種でもありました。やがて由美さんは気分が不安定になったり，スマートフォンを不潔に感じてごしごしハンカチでこするようになったり，特に，遊希さんのことを不潔に感じ始め，身体的な接触は可能な限り避け，手を繋いだ日はトイレに行った際や帰宅後に手を必死に洗うようになりました。結局，二人の関係は間もなく終わりを迎えたものの，由美さんは，遊希さんと別れた後も，不潔に対する考えが頭から離れなくなり，生活に支障が出るほどに，持ち物の消毒や手洗いを徹底し，不潔を部屋に持ち込まない努力に力を費やすようになっていきました。結局，由美さんは，休学し，実家で家族と過ごすようになりました。そして，実家では，自分の手がきちんと洗えているかを家族に執拗に確認し，「大丈夫よ。もうきれいよ」と何度も言ってもらわないと由美さんは，手洗いをやめられないようになっていったのです。

　行動主義の立場からは，この由美さんの事例をどのように理解するのでしょうか？　行動主義の立場から行われる介入は**行動療法**（behavior therapy）とよばれ，行動療法の実践では実際のデータをもとに考えていきます。まずは，由美さんの症状にどんなものがあるのかを整理してみましょう。強迫症（obsessive-compulsive disorder: OCD）とは**強迫観念**[*]と**強迫行為**[*]が特徴的な精神障害です。由美さんの場合，「ばい菌で病気になる」といった「強迫観念」と手を過剰に洗う，携帯を拭く，不潔に感じられるものを自室に入れないようにする，トイレに入ったらその都度入浴するといった「強迫行為」とがありました。

　では，由美さんの過剰な手洗いに注目した場合，由美さんは1日あたりで何分くらい手を洗うのでしょうか？　図9-1は由美さんの報告をもとに，由美さんの一週間の手洗いにかける時間をグラフにしたものです。

　日によってムラがありますが，このグラフからは，由美さんが1日のうちに手洗いにかける時間は平均35.7分で，特に木曜日（50分）と金曜日（60分）が長いことがわかります。そこで，これに関して何か思い当たることがないか由美さんに聞いてみたところ，次のようなことがわかりました。木曜日と金曜日はアルバイトがある日で，由美さんにとってか

図9-1　曜日ごとの由美さんが手洗いに費やした時間

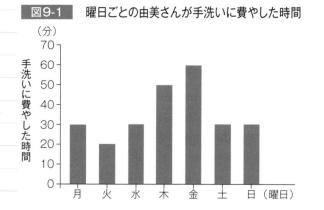

なりストレスがかかる日だそうです。おそらく，そういったストレスがかかることで由美さんの手洗いはより長い時間におよぶということでしょう。この手洗い時間とストレスとの関係は由美さんにとってもちょっとした発見でした。

さらに，今度は手洗い行動を含めた由美さんの強迫行為全般について，機能的アセスメントを行ってみます。「機能的アセスメント（functional assessment）」とは，ある行動について，先行事象とよばれるその行動の前の状況と結果事象とよばれる行動の結果について記述することをとおして，その行動がその人の生きる環境もしくは文脈のなかでどのような意味や働きをもっているのかを浮き彫りにする分析方法です。機能的アセスメントは**行動分析学***（behavior analysis）において鍵となる手法です。機能的アセスメントを行うには，ある行動についてその前後の状況を含め観察し記録していきます。図9-2は由美さんの強迫行為についての機能的アセスメントの結果をまとめたものです。この表からは，由美さんのさまざまな強迫行為はそのいずれもが，「不潔に関連した不快感が生じたときに強迫行為をすることによって一時的にそれが弱まったりなくなる」というパターンで起こっていることが確認できます。これは行動分析学においては「負の強化」とよばれるパターンです。負の強化は短期的にはうまくいくのですが，長期的には，かえって癖になったり（行動が維持される），悪化したりして（行動が増強される），生活上の障害を生み出すことがしばしばあります。

図9-2　由美さんの強迫行為についての機能的アセスメント

A：先行事象	B：行動	C：結果事象
ストレッサーの存在，不潔に関連した不快感 「ばい菌で病気になる」といった強迫観念が頭に浮かぶ	強迫行為（過剰な手洗い，携帯を拭く，トイレに入ったらその都度入浴する）	一時的に不潔に関連した不快感や強迫観念が減弱する

語句説明

行動分析学

行動分析学は，基礎研究（実験行動分析学），哲学（徹底的行動主義），実践（応用行動分析学）という3つの側面をもつ学問体系のことである。説明理論やモデルの構築よりも実践性を重視する特徴から行動工学ともよばれる。

プラスα

正の強化と負の強化

正の強化とは，行動に伴ってある刺激が出現することにより，その後のその行動の生起頻度が維持・増加する現象である。
負の強化とは，行動に伴ってある刺激が消失することにより，その後のその行動の生起頻度が維持・増加する現象である。

2　学習の原理と行動療法

1　動物研究から明らかになった学習の原理

機能的アセスメントをとおして，由美さんの過剰な手洗いといった強迫行為が負の強化という行動パターンであることが明らかになりました。負の強化とはオペラント条件づけという学習の原理に基づいた行動です。学習の原理とは一体何でしょうか？　特に初期の行動主義の研究者たちは，主に動物を対象と

してたくさんの実証的な研究を行ってきました。そうしたなかから明らかになったのが「**学習の原理**[*] (learning principles)」です。たとえば、人を含む動物では、繰り返し2つの刺激を同時に目の前に出されると、その2つの刺激があたかも同じような反応を引き出すようになります。パブロフによる有名な研究では、メトロノームの音を聞かされた直後に、餌となる肉片を与えられることを繰り返された犬は、メトロノームの音を聞いただけで唾液を垂らすようになりました。この現象は「**レスポンデント条件づけ** (respondent conditioning)」とよばれます。レスポンデント条件づけに基づく介入としては、恐怖や不安、不快感を引き起こすような刺激にあえて向き合うことでそれらとの効果的な付き合い方を学ぶ技法である**エクスポージャー** (exposure) があります。また、人や動物は自分がした行動の結果次第で、その行動を繰り返したり、やめるようになります。これは「**オペラント条件づけ** (operant conditioning)」とよばれます。オペラント条件づけに基づく介入として、すでに紹介した機能的アセスメントがあります。オペラント条件づけの原理は特に自閉症児への早期療育や精神科病棟内での重度の障害者の行動的問題の改善に貢献してきた歴史をもち、その方法論と哲学は「応用行動分析学 (applied behavior analysis)」とよばれます。また、人間に特徴的な学習の原理として関係フレームづけというものもあります。総じて、「クライアントがその人にとっての有意義な生活を送れるよう、学習の原理を活用して、クライアントをエンパワーするもの」（三田村, 2017）のことを行動療法とよびます。

　行動主義では人間と他の動物とを連続線上にとらえて、動物を対象として明らかになった原理は、何らかの形で人間にも当てはまる可能性が高いと考えます。もちろん、生物の種によって学習の仕方が異なるということは当然ありますが、基本的には同じ構造を共有していると考えるのです。実際、驚くべきことに、レスポンデント条件づけとオペラント条件づけといった学習の原理は、地球上に恐竜が誕生するよりもさらにずっと以前から、生命に関わっていたとされています (Ginsburg & Jablonka, 2010)。

2　過剰な行為の理由

　由美さんの過剰な手洗いと不潔に関する不安については、学習の原理からはどのようにとらえられるのでしょうか？　一つの考え方としては、まず、何らかのレスポンデント条件づけによって、汚れに関連するような刺激が不潔への恐怖を引き起こすようになったと考えることができます。つまり、レスポンデント条件づけが恐怖のきっかけというわけです。理論上、レスポンデント条件づけがもとで、ある刺激が恐怖を引き起こすようになったとしても、逃げずに向き合い続ければ自然とその恐怖は収まり慣れていくことがわかっています。つまり、自然にしておけばおさまってしまうはずなのです。しかし、実際には

強迫症や**不安症**[*]を抱える人たちにおいては，そのように症状が自然におさまっていくことはまれです。そこで想定されるのがオペラント条件づけによる負の強化の存在です。レスポンデント条件づけが受身的な学習であるのに対し，オペラント条件づけは自ら働きかけるような動きを伴った学習です。由美さんの場合，理論上，不潔が嫌だったとしても，無理にそれをきれいにしようとこだわらず，ただそのままにしておくことができれば，おそらく不潔への恐怖は弱まっていくと考えられます。ところが，実際には，由美さんのように強迫症に苦しむ人々は，汚れたと感じる手をそのままにしておくことなど簡単にはできません。汚れたという感覚が自分の納得いく程度に弱まるまで，自分の手を洗い続けるのです。そして，消毒したり時間をかけて必死に手を洗うなどすることで，不快や恐怖が緩和します。このときの，「手を洗うという行動の結果，はじめにあった不快感が弱まり，それによってまた手を洗う」というパターンが「負の強化」です。負の強化は回避行動ともよばれていて，回避行動は一時的には不快感を弱めますが，かえって回避癖を強めることにつながってしまうのです。さらに由美さんの場合，いくら手を洗ってもなかなか止めることが段々できなくなってしまい，家族に対してまで，自分の手がきれいになったかを執拗に確認するようになってしまいました。

3 手洗いの問題に対する介入

　由美さんの抱えるような強迫症の問題に対しては曝露反応妨害法の有効性が実証されています（Abramowitz et al., 2009）。**曝露反応妨害法**とは，不快な刺激に対しあえて向き合い（エクスポージャーもしくは曝露），さらに，その不快を打ち消すような行動をしないこと（反応妨害）をとおして，不快な刺激との効果的な付き合い方を身体で学んでいく方法です。すでに触れたように，不安や恐怖については，それらを引き出す刺激に対し繰り返し向き合っていくことで自然とその刺激に対する不安や恐怖が低減することがよく知られています（レスポンデント消去が生じる）。そうした方法はエクスポージャー（曝露法）とよばれます。その意味では，由美さんの強迫についてもエクスポージャーが有効だといえます。ところが，これまでの実践と研究の蓄積からは，強迫症に関しては単にエクスポージャーを行うだけでは十分でないとされています。その理由は，強迫症の場合，たとえば，あえて手を汚すというエクスポージャーを行っても，その人は後になって汚れた分より一層時間をかけて手を洗うことになるからです。このように手を一生懸命洗うという強迫行為は，不快を中和して一時的な安心を生み出すと同時に，エクスポージャーの効果を相殺する傾向にあるのです（Foa et al., 1984）。これでは面接室内のせっかくの努力が無駄になってしまいます。

　そこで重要になってくるのが曝露反応妨害法です。曝露反応妨害法では，ク

語句説明

不安症
不安症には，社交不安症，パニック症，全般不安症，限局性恐怖症などがある。

プラスα

曝露反応妨害法
曝露反応妨害法は，1960年代に，当時では心理療法の効果が見込めないと考えられていた強迫症に対し，効果を示す画期的な介入法として登場した（Meyer, 1966）。この方法は動物を対象とした研究をもとに生み出された。

エクスポージャーのメカニズム
エクスポージャーの効果のメカニズムについてはいくつかの異なったモデルが想定されている（三田村，2017）。

認知療法
メタ分析によれば強迫症に対しては曝露反応妨害法と同様に認知療法も効果があることが示されている（Öst et al., 2015）。

インフォームド・コンセント
エクスポージャーの実施には，それに先立ってインフォームド・コンセント（実施にあたっての説明と話し合い）が行われる。

プラスα

系統的脱感作

行動療法の父とよばれるウォルピは，恐怖や不安刺激への接近と同時に筋弛緩法などのリラクセーションを行うという系統的脱感作という技法を開発した。系統的脱感作では，クライアントに自身が不安を感じる複数の刺激にランクづけしてもらい，不安の小さいものから順番に徐々に不安の大きい刺激に慣らしながら接近するという方法をとる。この際，作成される不安や恐怖刺激をランクづけした表を不安階層表という（Wolpe, 1958）。現在では，エクスポージャーにリラクセーションは不要であること，また必ずしも不安階層表が必要でないことが研究から明らかになっている（Craske et al., 2014）。

妥当化

クライアントの感じることを，クライアントのおかれた文脈から考えて自然なことであると認めることは，「妥当化（もしくは承認）」とよばれる（Linehan, 1977）。

ライアントにはエクスポージャー後に手を洗うなどの中和行動を一切しないようにしてもらいます。つまり，手を汚したのなら汚したままにしておきます。クライアントにとってこれはとても気持ちが悪かったり不快な方法です。しかし，この手続きを経ることでクライアントは強迫観念にしたがってがむしゃらに強迫行為をしなくても大丈夫であることを学習できます。

　さて，由美さんにとっての曝露反応妨害法についてみていきましょう。まず，由美さんは，セラピストから曝露反応妨害法にどんな効果があるのか，どんな手続きなのかについて丁寧に説明をしてもらいました。由美さんの最初の感想は「そんなことできない！」でしたが，セラピストはそんな由美さんの気持ちを否定することなく，積極的に理解を示しました。そのうえでセラピストはどんなことなら面接室のなかで一緒にできそうかを由美さんと話し合いました。由美さんは，カウンセリングルームの床に触ったり，まして便器に触ったりはできないと思いましたが，セラピストから提案された，カウンセリングルームのテーブルに触るくらいなら，ちょっとだけやってみることができそうだと思いました。セラピストは由美さんにお手本として，自分の右手を机の上にぴったりとつけてみせました。その様子を見て由美さんは一瞬恐れおののきましたが，指一本でいいならやってみることができそうだと思い，実際にそれをやってみました。由美さんは「指先からゾワゾワと気持ちの悪い感覚が上がってくるのがわかります」とセラピストに報告し，さらにセラピストに促されて，そうした身体の感覚を冷静にモニターするようにしました。しばらくすると，ゾワゾワした感覚はときどき思い出したように強くなったりもするものの，しばらくやっていると，その感覚は徐々に弱まり「テーブルに触ることについては思っていたほどは怖くなかった」と考えるに至りました。そうした変化を由美さんはセラピストに報告しました。しばらくすると今度は，セラピストは「今触ったのは薬指だけでしたね。今度はその薬指を他の指と擦り合わせてみましょう。反対の手ともあわせてモミモミしましょう。ほら，こんなふうに」と，次の課題を提案してきました。そこで，由美さんは机にさわった指を思い切って両手の平にも擦り付け，さらには両手の平を机の上に乗せるところまで挑戦しました。とても怖い体験でしたが，本当に怖かったのはごく最初のやる前とやった直後で，しばらくするとその感覚はだいぶ弱まってくることがわかりました。最後に，セラピストからその手を洗わずどこまで過ごせるかを試してみてほしいこと，少なくとも，消毒したり，何回も洗ったり，時間をかけたりすることなく，できるだけ汚れている感覚をもったままで1日を過ごしてみてほしいことを伝えられました。実際，由美さんはその日の入浴までは手を洗うことなく過ごし，また，1日が終わり入浴するころには，手の汚れのことはほとんど気にならなくなっていました。

　ちなみに，セラピストの動作など，お手本となる他者の動作を示すことで，

新たな行動をクライアントに教える技法をモデリングといい，一般に，観察学習に基づく介入とされています。

3 | 進化した行動療法

1　ルール支配行動と関係フレーム理論

すでに紹介したように行動療法，特に機能的文脈主義に基づく行動療法では，考えること，つまり思考についても行動として一元的にとらえます。たとえば，「家に帰ったらまず手を洗おう」と考えて実際に手を洗うという一連の行動のことを行動分析学ではルール支配行動（rule-governed behavior）とよんでいます（Skinner, 1969）。図 9-3 は「もっと勉強しなきゃいけない」というルールに従ったルール支配行動の例です。ルール支配行動とは，誰かからの指示やアドバイス，自分の頭のなかの考えや実際声に出した言葉などの刺激（これをルールとよびます）に従って，実際にそれを行動に移すことをいいます。ここでの行動分析学の発想の面白いところは，ルールが声に出された刺激であるのか，頭のなかに浮かんだ刺激であるのかについての区別を重視しないという点です。頭のなかの世界と外の世界とで別々の世界観やモデルを想定するのではなく，人の外側の世界で起こっている学習の原理は，人の内側の世界でも同じように一貫しているととらえるのです。

ところで，ルールというものが一体何であるかについては行動分析学のなかでも比較的最近までかなりあいまいでした。しかし，21 世紀初頭に入り，関係フレーム理論（relational frame theory：RFT）という，学習の原理についての新しいモデルが提案されたことで，ルールとは，人間が使う言語，つまり「シンボル（象徴）」のことであると理解されるようになりました。関係フレーム理論とは，オペラント条件づけの枠組みから人間の思考活動をとらえる実証的で実際的な理論です（Hayes et al., 2001）。人間のもつ興味深い特性として，「AならばB」ということを学習すると「BならばA」というように，AとBにおけるもともとの関係性を反転したものも成り立つと理解する傾向があります。これを「刺激関係の派生」といいます。

さらにここでCという刺激も登場させましょう。もし「AならばB」「BならばC」という 2 つのことをさらに教えられると，「BならばA」「CならばB」さらに「AならばC」「CならばA」という計 4

プラスα

観察学習

バンデューラによれば，観察学習はレスポンデント条件づけやオペラント条件づけとは異なった種類の認知的な学習であると説明される（Bandura, 1971）。一方，オペラント条件づけによってよりシンプルに説明可能であるとの説もある（望月, 1978）。

プラスα

関係フレーム理論

関係フレーム理論とは人間の言語・思考活動を説明し，実践に役立てるための理論である。刺激と刺激との関係性が派生的に学習されること，またその学習が「文脈」とよばれる外的環境によって制御されることを説明する実証的な理論である。

図9-3　ルール支配行動の例

A：先行事象	B：行動	C：結果事象
「もっと勉強しなきゃいけない」という思考（ルール）	勉強に取り組む（ルール支配行動）	―

つの関係性を派生させることになります。こうした，刺激と刺激との関係性を勝手に派生させていくという人間の特性こそが，人間が物を考える（シンボルを操る）ということの鍵であると考えられています。

　ちなみに，「ならば」の箇所が「＝」だった場合を考えてみましょう。もしＡがすごく愛おしいものであれば，ＢとＣも同じくすごく愛おしいものとして認識されます。では反対にＡがものすごく怖いものだったとしたらどうでしょうか。あなたがＡによって酷い目に遭わされたとします。その場合，自動的にＢとＣはＡ同様に酷いものとして認識され，あなたはＡはもちろんですが，ＢやＣまでも避けるようになるかもしれません。このとき，刺激Ａ，Ｂ，Ｃは関係フレームづけられていると表現することができます。このように関係フレームづけられた刺激（つまり，シンボル）こそがルールの正体だといえるでしょう。ちなみに，「**関係フレームづけ***（relational framing）」という行動は，正式には「恣意的に適応可能な関係反応（arbitrarily applicable relational responding：AARR）」とよばれています。

　私たち人間は，この関係フレームづけによって，直接的には体験したことがなかったとしても，何かを愛おしいと感じて近づいたり，反対に恐ろしいと感じて避けたりするのです。

2　クライアントにおける体験の回避

　機能的文脈主義という世界観とRFTという実証研究は，「**第3の波**」とよばれる新たな行動療法を生み出しました。その代表が**アクセプタンス＆コミットメント・セラピー（ACT）**です（Hayes et al., 2012）。ごく簡単にいえばACTではクライアントの体験の回避という傾向を弱め，**価値ある行動**を促していきます。**体験の回避**とはすでに述べたルール支配行動の一種ですが，不快なことを感じないように，体験しないように，という方向に努力する回避行動のことです。由美さんの場合，不潔に関わる気持ち悪いゾワゾワした感覚（こうしたその人のなかに生じる出来事のことを「私的事象」といいます）を体験することをとても嫌がっていて，そうした不快感を取り去りたい，そして，取り去らなければいけないと信じていました。しかし，すでに見てきたように，由美さんは不潔の感覚を避けたいがために大学生活を含め多くのものを由美さん自身の人生から締め出してしまいました。不潔を感じたくないという体験の回避は由美さんの生活自体を蝕むようになっていったのです。

　このような体験の回避が起こる背景には，人間のもつ思考能力，つまり関係フレームづけの存在があります。人はさまざまなことを考え，想像します。人は，あたかも自分の考えたことを現実と混同することがあります。自分が「不潔」と考えたことと，実際に不潔であることとは本来別物です。このように思考と現実との区別がつかなくなった状態を「**認知的フュージョン**」といいます。

語句説明

関係フレームづけ
「関係フレームづける」という表現は，あたかもイコールや大小関係などといった関係性の枠組み（フレーム）にさまざまな刺激を入れ込むといった比喩表現である。

プラスα

新たなセラピー
「行動療法の第3の波」「第3世代の行動療法」もしくは「認知行動療法の文脈的アプローチ」とよばれる新たなセラピーには，ACTに加え，弁証法的行動療法，機能分析心理療法，統合的行動的カップルセラピーなどがある（Hayes, 2004）。第3世代の行動療法の特徴は，クライアントの症状の軽減を目的とする以上に，クライアントの人生の向上を目指すところに大きな特徴がある。

ACTと森田療法
ACTはわが国独自の心理療法である森田療法との類似性が指摘されており（Llewelyn & Shimoyama, 2012；園田ほか, 2017），日本文化にも親和性が高い行動療法ともいえそうである。

考えたことと現実とが融合（フュージョン）してしまうのです。この認知的フュージョンが体験の回避というルール支配行動の背景にあります。

3　体験の声に耳を澄ませる

　ACTでは，由美さんのように体験の回避でがんじがらめになってしまったクライアントに，まずは自分の考えに凝り固まるのではなく，自分の体験の声に耳を澄ませるように促します。由美さんの頭のなかでは「もっとちゃんと洗わないといけない」といった考えが常にこだましています。しかし，ちょっと立ち止まって，これまでを振り返ってみましょう。由美さんは自分の頭のなかの声に従って必死に手洗いを繰り返してきました。その結果何が起こったのでしょう。赤くなりボロボロになった手の平が教えてくれることは，結局，強迫観念の言いなりに手を洗っても，強迫の恐怖を拭い去ることはできないという事実でした。ボロボロになった手の平のように，由美さんの生活自体を蝕んでいくだけだったのです。そうした体験に耳を澄ませ，由美さんはこのやり方ではもううまく行かないという強い行き詰まりを味わいました。実はこの「行き詰まりの感覚」こそが由美さんに大きな可能性を開いてくれることになります。

　由美さんがこれまでがんばってきたやり方は，いかにして不快を拭い去るかということでした。しかし，このやり方が兎にも角にもうまく行かないということに由美さんは気づいたのです。そうだとすれば，残された道はただ一つ。不快をぬぐい去ろうという努力を手放すことです。汚染されているのなら汚染されたまま，汚れたのなら汚れたまま，その不快感を優しく抱いたままで生活していくのです。これを**アクセプタンス***といいます。

　ただし，由美さんが受け止めるべきは「不潔」ではありません。それは「不潔」という言葉やイメージ，そして一方ではありのままの世界なのです。すでに説明したように「不潔」という言葉や考えは不潔そのものではありません。セラピストは由美さんにある脱フュージョンの方法を伝えました。それは川のほとりに腰掛けて笹の葉がさらさらと流れる様子をイメージする方法です。「不潔」という考えが浮かんだら，笹の葉の上にそのイメージを乗せ，下流へと流れていく様子をただ眺め，見送るようにします。不潔という言葉を真に受けるのではなく，不潔という自分自身の考えをただ見送ってあげる練習です。

4　クライアントにとっての価値ある行動とは

　セラピストが由美さんに促したもう一つの重要なことは，由美さん自身にとって大切なことを由美さんにはっきりとイメージしてもらうことでした。それも，単に何か具体的なゴール地点ではなく，もっとずっと大きな人生全体の方向性に関してです。ACTではそういった，その人にとって大切な人生の方向性のことを**価値**とよんでいます。由美さんは，もし強迫観念と戦う必要がな

語句説明

アクセプタンス
アクセプタンスとは体験の回避をせずに，仮にそれが不快なものであってもあるがままに体験しようという態度のことである。

く強迫行為をしなかったならどんな人でありたいのでしょうか？　どんな人生を送っていきたいのでしょうか？　由美さんはもともと音楽が好きでした。ピアノでクラシックを弾くのがとても好きだったのです。そんな話をセラピストと話していくうちに，徐々に由美さんはピアノに触れたいという気持ちを再び抱くようになりました。「ピアノが汚れて，弾いた後きれいにするのが大変だから」と，強迫症状がひどくなって1年以上も触らないでいたピアノに，また触れてみたいという気持ちになりました。

　そして，由美さんは家でも積極的に曝露反応妨害法を行うことを決めました。ただし，由美さんが行おうとしている曝露反応妨害法は不安や恐怖，不快を打ち消そうとするものではありません。それは，由美さんにとっての価値に忠実に生きていくために，上手に不快な私的事象を抱えておくための練習なのです。由美さんにとっての価値の一つは，「音楽とともにあること」，ピアノに触れることだったのです。由美さんは，汚染されることを嫌って触らないようにしていたピアノに触ることにしました。それもきれいに手を洗ってからではなく，ちょっと汚れているような気のする状態の手でピアノに触れることにしたのです。こわばる指で鍵盤を押し込んでいくうちに，由美さんのなかでピアノをきれいなままにしておきたいということへの諦めのような気持ちが最初溢れ出しましたが，気がつくと，指がしなやかに鍵盤の上を弾み，鍵盤の感覚とピアノの音色，リズムを楽しみ始めた自分に気がつきました。こうした練習を続けるうちに，ピアノを弾くことは由美さんの日課の一つとなり，また，さまざまな不快感が生じても，以前ほどそれと戦うことに時間を使うことは減っていきました。その後，大学に復学することもできました。たしかに，由美さんは今でも不潔は嫌だし，きれいにしたいと思っています。それでも由美さんはそうした考えや感情を抱きながらも，少しずつ自分がほんとうにしたかったことに取り組めるようになっていったのでした。

考えてみよう

読者自身にとっての体験の回避と価値ある行動とはなんでしょうか？　アクセプタンス＆コミットメント・セラピー（ACT）について調べ，自分自身に適応してみましょう。

🖋 本章のキーワードのまとめ

行動主義	行動について科学的にアプローチしようとする立場の総称。大きくは，ワトソンが提唱した方法論的行動主義とスキナーが提唱した徹底的行動主義とに分けられる。前者は目に見える行動だけを研究対象とし，後者は目に見えない思考なども研究対象とする特徴がある。
新行動主義	ワトソンの行動主義以降に登場したスキナー，ハル，トールマンらの行動主義の総称として一般的に使われる言葉。それぞれが異なった行動主義であるが，ワトソンにおいてはブラックボックスとみなされていた認知についても扱うという共通性をもつ。
機能的文脈主義	スキナーによる徹底的行動主義をヘイズらが洗練させた新たな行動主義。行動の「予測かつ影響」を目的とした科学的なプラグマティズムのこと。行動を予測するモデルの構築ではなく，実践的に役立つ知識の集積を目指すものである。
行動療法	クライアントがその人にとっての有意義な生活を送れるよう，学習の原理を活用して，クライアントをエンパワーするもの。
行動分析学	行動分析学とは，基礎研究（実験行動分析学），哲学（徹底的行動主義），実践（応用行動分析学）という 3 つの側面をもつ学問体系のこと。説明理論やモデルの構築よりも実践性を重視する特徴から行動工学ともよばれる。
エクスポージャー	恐怖や不安，不快感を引き起こすような刺激にあえて向き合うことで，それらとの効果的な付き合い方を学ぶ技法。行動療法における伝統的な技法でありながら，現在もそのメカニズムと効果的な手続きについて絶えずアップデートが続けられている。
曝露反応妨害法	エクスポージャーと反応妨害法とを組み合わせた技法で強迫症への介入法として効果が認められている。動物を対象とした研究成果をもとに心理療法にも活用されるようになった。
体験の回避	不快な思考・感情・記憶・身体感覚を体験しないように，気を逸らしたり，抑えたり，変化させようとしたりする回避行動。いき過ぎた体験の回避がさまざまな心理・行動的問題を説明することが知られている。
認知的フュージョン	思考と現実とを混同した状態もしくは思考という色眼鏡をとおして世界を眺める状態のこと。認知的フュージョンは体験の回避を引き起こすことで，さまざまな心理・行動的問題へとつながる。
価値ある行動	その人が自由に選択した，こうありたいという人生の方向性である価値に沿った行動のこと。価値ある行動は，何かを達成するかどうかという以前に，それを行うこと自体に意義を見出せる行動である。

第10章 考え方を変えて気持ちも変える（認知モデル：認知行動療法）

この章では，認知行動アプローチにおける「考え方（認知）」に焦点を当てて，考え方と気持ちとの関係や，考え方のクセを分析したり変える技法などについて述べていきます。考え方が私たちの気持ちに何らかの影響を与えているときに，それらがもし私たちの生活にとってあまり良い影響でなかった場合，どのように考え方を変えて気持ちを変えていくのかについて解説していきます。

●関連する章 ▶▶▶ 第9章

1 認知行動療法とは

　第9章では，行動療法について学んできました。認知行動療法は，行動療法から発展した心理療法で，行動療法のように観察可能な「行動」に加えて，自分もしくは他者から観察可能な「認知（考え方）」にも焦点を当てながら，それを手がかりにして介入を行う心理療法です。「行動」に加えて「認知（考え方）」にも焦点があたるようになったきっかけとして，認知心理学の発展があげられます。

　1970年代ごろから，コンピューターの開発などが進むなかで，心理学の分野においても，私たち人間が情報や刺激をどのように処理しているのかということに注目が集まり始めました。それによって，認知心理学分野における研究が多くなされるようになり，私たちのものの認知やとらえ方が気持ちにも影響を与えているという「認知モデル」の誕生にもつながっています。次にこの「認知モデル」について解説します。

図10-1 認知モデル

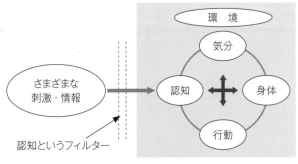

出所：坂野，2011をもとに作成

1 認知モデルとは

　認知モデルとは，人の気分や行動が，その人の出来事に対する理解の仕方によって影響を受ける，という仮説です。つまり，私たちの気分や行動，もしくは身体の反応は，出来事そのものではなく，その出来事をどのように解釈したかによって決まってくるということです。図10-1は認知モデルを図に表した

ものです。出来事や状況のとらえ方（認知）は，気分や行動，身体の反応に影響し，それらは一方通行ではなく，それぞれ相互的に影響することで，悪循環に陥ることもあります。また認知には，個人によって過去の出来事などから学習されたパターンや傾向があり，そのような認知のフィルターを通して，認知の個人差が生じると考えられています。

2　事例からみる認知モデル

認知モデルをわかりやすく説明するために，2 人の女子大学生を例にあげます。

事例　同じ出来事を体験しても…

　まりさんとなおこさんは，いずれも，4 月に希望の大学に入学した 1 年生です。2 人とも音楽が好きということから，同じ吹奏楽演奏のサークルに入りました。サークルに入って 1 か月たったころ，2 人は 8 月にコンクールがあることを知りました。そして，そのコンクールで重要なパートを担当することになりました。ある日，サークルで練習をしているとき，2 人はそれぞれ演奏でミスが目立ち，4 年生の部長から「本番では絶対にミスは許されないから」と注意されました。

　まりさんは，部長の言葉から，「絶対にミスは許されるべきではない」「しかし，自分は本番でミスをして先輩たちの足手まといになるだろう」と考えて，不安な気持ちが強くなりました。そして，サークルの練習に出ようと思うと部長の言葉を思い出し，不安が強くなり，休みがちになっていきました。

　なおこさんも，まりさん同様にコンクールに出ることへの不安が強くなりました。しかし，「部長たちはそれほどまでに真剣に取り組んでいるのだな」「できるだけミスを減らせるように練習をしよう」「先輩たちにミスを減らす工夫がないか，アドバイスを求めてみよう」と考えると少し気持ちが楽になりました。最初の数日は練習に出ても，また怒られるのではないかと緊張しましたが，しばらくすると，先輩たちからもアドバイスをもらえるようになりました。

　まりさん，なおこさんの例から，次のようなことがわかります。それは，同じ出来事を体験しても，そのときの出来事のとらえ方や解釈が異なると，その後の気分や行動パターンも違ってくるということです。これが「認知モデル」です。認知モデルは，認知療法を創始したベック（Beck, A.T.）によって提唱され，認知療法を行ううえで最も基本的なモデルとなっています。

　ベック自身はもともと精神分析の教育を受けた医者でしたが，退役軍人の抑うつ反応やうつ病患者との臨床体験を研究にまとめるなかで，精神分析的概念

プラスα

エリスの論理情動療法

アルバート・エリスも，認知療法のベックと同様に，出来事の解釈が感情や行動に影響すると考えた。エリスの提唱した論理情動療法では，出来事（A：Activating Event）は信念（B：Belief）に照らし合わせて判断され，不合理な信念によって問題となる感情や行動（C：Consequence）が生じるとした。したがって，不合理な信念を論駁という方法によって変容することが介入の中心となる。

に懐疑心を抱くようになり，うつ病に対する新たなアプローチとして認知療法を生み出しました。その後，うつ病に限らず，不安症，パーソナリティ障害，物質乱用などを対象とした実証的研究によって効果が認められ，1980年〜90年代にかけて**認知行動アプローチ**は心理療法において大きな流れをつくりました。

認知療法は，ベックたちのグループによって開発された，ベック派の認知行動アプローチを指すことが多いです。その特徴として，認知モデルを重視し認知的概念化をもとに事例の問題を理解すること，認知変容を目的とした介入が中心となること，うつ病や不安症など疾患ごとに特異的な認知モデルや治療アプローチが提唱されていることなどがあげられます。一方，認知行動療法は認知療法も含んだ，さまざまな認知行動アプローチの総称として用いられています。

2 認知モデルの重要概念

1 自動思考とは

認知モデルでは，ある状況で自然と頭にポップアップしてくる思考のことを「**自動思考**」とよんでいます。自動思考は，熟考の結果として導き出されるのではなく，むしろ自動的に湧き出ているかのような思考（Beck, J.S., 1995）のことを指しています。そのため，自動思考が浮かんでいる時間は，非常に短く一瞬であり，普段意識されることはほとんどありません。その結果，私たちは自動思考があたかも現実を正確に表しているというように，疑うことなく受け止めてしまうのです。

さきほどの2人の大学生の例では部長に注意された際に，まりさんの頭に浮かんできた「絶対にミスは許されるべきではない」「しかし，コンクールでミスをして先輩たちの足手まといになるだろう」という考えが自動思考に相当します。

認知療法では，この自動思考が機能的でない場合，つまり気分や行動にあまり有用でない結果をもたらしている場合に，自動思考を見直すということを行っていきます。詳しい手順については，次節で述べます。

2 スキーマとは

自動思考はある状況において自動的に湧いてくる思考でしたが，そのような思考にはパターンやクセ（推論の誤り）があります。自動思考のパターンに影

プラスα
推論の誤り
自動思考を生み出すような考え方のクセのことをいう。たとえば，たった1つの出来事から全般的にそうだと決めつけるような「過度の一般化」や，いつも〜でなければならない，〜すべきと例外を認めない「すべき思考」などがある。

112

響するものとして，**スキーマ**とよばれる，個人の構えがあります。幼少期のかなり早い段階で，自分自身について，他者について，自分を取り巻く世界について一定の構えや信念をもつようになります（Beck, J.S., 1995）。このスキーマは，自動思考よりもはるかに深く，根っこのようなところにあるものなので，普段から意識されることはほとんどありません。

　たとえば，事例のまりさんは「私は出来が悪い」というスキーマをもっていたかもしれません。そのことでちょっとしたミスや失敗を気にしたり，うまくいかないだろうと予測することが多くなるかもしれません。これは「私は出来が悪い」というフィルターを通して出来事を見てしまうと，さまざまな情報のなかで失敗したという情報を選択的に取り入れてしまうため，それ以外の事実や情報は無視してしまいます。スキーマはその内容と合致したストレス状況に遭遇したときに，特に活性化しやすくなります。たとえば「私は出来が悪い」というスキーマは，今回のようなミスや失敗といった状況によって活発になりやすく，それ以外の状況では普段は意識されません。このような現象を領域合致説とよんでいます。

3 ｜ 認知の変容技法

1 認知的概念化

　ここからは，実際に考え方の変容に関わる技法を紹介していきます。

　まずセラピストはクライアント（あるいは患者）と一緒に，クライアントの困っていることや問題を話し合っていくにあたり，さまざまな情報を得ていきます。そして，クライアントにどのような支援を行っていくとよいだろうかという方針を立てていきます。これを「アセスメント」とよびます。認知行動療法ではアセスメントの過程で，クライアント自身やクライアントの問題を理解するにあたり，「**認知的概念化**」という作業を行っていきます。

　認知的概念化は，前述した認知モデルをもとに，一定の枠組みをもって，クライアントを理解していくものです。クライアントはどのような自動思考が浮かびやすいのか，またそれらはこれまでの生活のなかでどのように形成されてきたのか，そしてその自動思考に影響するスキーマはどのようなものであるのかという，現在の問題に至った過程やその問題を維持させている要因について，仮説を立てて検討します。さらに，そのような認知は気分や行動にどのように影響して，悪循環を形成しているのかということについても検討していきます。図10-2 は，認知的概念化を行う際に，よく用いられる枠組みです。

図10-2　認知的概念図

出所：Beck,1995をもとに作成

認知的概念図にある中核信念は，前項のスキーマとほぼ同義であり，幼少期の体験によって学習してきたもののとらえ方のフレームです。中核信念とは信念（スキーマ）のなかでも最も基底的な層にあり，包括的かつ固定的で，過度に一般化されています。それに対して，自動思考は，特定の場面で頭に浮かぶ現実的な言葉やイメージであり，最も表層的なレベルにある認知です（Beck, 1995）。そして，その中核信念と自動思考の間に想定される媒介信念として，「条件付きの思い込み」「信念」「ルール」などがあります。

　たとえば，幼少期より成功体験が少なく，出来が悪いといわれてきたクライアントの場合，「自分は無能だ」という中核信念を抱いているかもしれません。そのようなクライアントが，ある授業を受けていて内容を難しく感じた際，「無能であることは，とても悪いことである」という信念をもち，「自分は常に頑張らなければならない」というルールがあり，「もし自分が一生懸命頑張らなければ，たいした成果は上げられない」という思い込みをもっていたとしたら，それらの信念がその状況に対する自動思考に影響を与えることが考えられます。つまり，クライアントの中核信念は，媒介となる信念や思い込み，ルールによって自動思考を生み出します。

　また，「自分は無能である」という中核信念やそれらに関連する媒介信念はクライアントに非常につらい苦痛をもたらすため，クライアントはその苦痛を和らげようと，一定の行動戦略をとる傾向にあります。そのことを「埋め合わせ戦略」といいます。たとえば，さきほどのような媒介信念を意識した際に，そのクライアントは先生の話や板書をもらさずにノートに書き込むという行動をとっているかもしれませんし，授業の予習復習にかなりの時間を割いているかもしれません。

　そして，これらの中核信念や媒介信念が影響している，クライアントの頭のなかで頻繁に浮かんでいる自動思考について，それが浮かびやすい状況やその自動思考の意味，感情，行動を図のなかに整理していきます。

　これらの概念図は，流動的なものであり，セラピストはセラピーの過程で，クライアントの話を聞きながら，修正したり，加えたりしていきます。また，クライアントと協働して作成することもあります。そのように内容を共有する

ことで，セラピストがクライアントを理解することに役立つだけでなく，クライアント自身も自分のパターンを理解することにもつながったり，治療の動機づけを強めることにも有用です。

2　認知再構成法

認知的概念化によって，自動思考が気分や行動の問題に影響していることや，それらが悪循環を形成していると考えられる場合は，自動思考の妥当性や有用性を評価していきます。自動思考の妥当性とは，その場でそのようにとらえることが妥当であるかどうか，事実をとらえているかどうかということです。有用性とは，その場でそのようにとらえることが役に立つかどうかということです。もし妥当性や有用性が低く，気分や行動の問題に悪影響を及ぼす場合は，より事実に即した，機能的な思考を案出することを促していきます。これらの作業を「**認知再構成法**」といいます。

認知再構成を行うにあたっては，まず自動思考を把握することが必要になります。自動思考のところでも先述したように，自動思考は一瞬で通り過ぎてしまうため，なかなか普段はとらえることができません。そこで，最初に自動思考を観察すること（セルフ・モニタリング）から始めます。表10-1のような思考記録表を用いて，気分が動揺したり，落ち込んだりした場面の「状況」「気分」「自動思考」を書き出していきます。また面接のなかでも，セラピストとの対話をとおして自動思考を同定していきます。その際には，「ソクラテス的質問」と呼ばれる質問を用いていきます。

「**ソクラテス的質問**」は，セラピストが何か断定的に質問していく（例：「あなたの考え方は後ろ向きになっているのではないですか？」など）というよりは，気づきを促すように質問していくことです。自動思考を同定していくためには，クライアントに感情が変化した（不安や落ち込みが大きかった）状況や出来事を語ってもらい，そのときに，たとえば，「その状況でどのような考えが頭に浮

表10-1　思考記録表（自動思考のモニタリング）の例

日付	1. 状況 不快な気分を伴う出来事	2. 気分 不安，悲しみ，落胆，怒りなど （強さ0〜100%）	3. 自動思考 不快な気分を経験するときに頭に浮かんでいる考えやイメージ （確信度0〜100%）
6月12日 15時ころ	パート練習中に，先輩から「ちょっと，音が外れているところがある」と指摘された	不安（90） ゆううつ（80） 恥ずかしい（60）	「大会でも大きなミスをするに違いない」（90） 「自分は能力がない，だめな人間だ」（50） 「他の人たちも，自分の演奏が下手だと思っているに違いない」（70）

かびましたか？」「その状況は，あなたにとってどのような意味がありそうですか？」「どのような考えが気持ちを大きく変化させたのでしょうか？」などの質問をしていくとよいでしょう。

　自動思考を把握できたら，次は以下のような手順で，それらの妥当性や有用性を検討します。

　① その考えが正しいという根拠や理由をあげてみる。
　② その考えがもしかしたら間違っているかもしれない証拠や，見逃しているかもしれない事実をあげてみる。
　③ ①と②を見比べてみて，どのように考えることがより妥当で，役に立つかを検討する。

　クライアントにとっては，①は比較的容易ですが，②③については難しいと感じます。セラピストと具体的なエピソードを振り返ったり，立場を変えて考えてみることで見つけやすくなります。

　また，①〜③を行うにあたり，図10-3のようなコラムとよばれる囲み枠を使って検討することもあります。図10-3のように5つのコラムを使う場合（5コラム法）と，さらに「自動思考の根拠（自動思考が正しいという理由や事実）」と「自動思考の反証（自動思考が誤っているという理由や事実）」の2つを追加した7つのコラムを使う場合（7コラム法）があります。

3 スキーマ療法

　スキーマ療法は，伝統的な認知行動アプローチでは十分な効果が得られなかった，慢性的な性格上の問題を抱えるクライアントを治療するためにジェフリー・ヤングによって開発された療法です。**パーソナリティ障害**[*]に代表されるような，慢性的に性格上の問題を抱えるクライアントは，認知面・行動面が柔軟でなく，認知面が変化しても気分や行動が変化しないことがあります。ヤングは，その困難さは幼少期や青年期の体験が発端にあるのではないかと考え，認知行動理論のほかにアタッチメント理論や対象関係論など発達心理学や精神分析で展開されている理論を統合して，スキーマ療法の治療モデルを提唱しました。

　スキーマ療法の治療モデルでは，第2節の（2）で紹介したような「スキーマ」に焦点を当てます。特に，性格上に問題を抱えるクライアントは，「早期不適応的スキーマ」とよばれるような，発達の初期段階で形成され，生涯にわたって維持される，自滅的な認知と感情のパターン（Young et al., 2003）があると仮定しています。たとえば，幼少期の養育が虐待的で，基本的欲求が満たされないような家族のなかで育つと，「不信／虐待スキーマ」とよばれるような，

語句説明
パーソナリティ障害

パーソナリティ障害とは，認知，感情，対人関係，衝動の制御といった領域において歪みや偏りがあったり，柔軟性にかけ，社会的な機能に障害がでる精神疾患である。大きくはA〜Cの3群にわけられ，A群は猜疑性，シゾイド，統合失調症パーソナリティ，B群は反社会性，演技性，境界性，自己愛性パーソナリティ，C群は回避性，依存性，強迫性パーソナリティが含まれる。

図10-3　５コラム法の思考記録表

自分の気分の悪化に気づいたら，自問してみよう。「今，どんなことが私の頭に浮かんでいるのだろうか?」。そして，できるだけすぐに，その思考やイメージを〈自動思考〉の欄に記入しましょう。

日付と時間	状況	自動思考	感情	適応的な対応	結果

別の見方を見つけるための質問リスト：
①自動思考を支持する根拠は何か?　この自動思考に反する根拠は何か?
②何か別の見方は，あるだろうか?
③起こりうる最悪の結果とは，どのようなことだろうか?　自分はそれを切り抜けられるだろうか?　起こりうる最良の結果とは，どのようなことだろうか?　起こりうる最も現実的な結果とは，どのようなことだろうか?
④この自動思考を信じることによって，どんな効果があるだろうか?　この自動思考を修正すると，どんな効果があるだろうか?
⑤この自動思考に対し，どんなことを行えばよいだろうか?
⑥もし_____（友人）が自分と同じ状況に置かれていたら，私は，その友人に何と言うだろうか?

出所：Beck,1995をもとに作成

他者は自分を傷つけたり利用しようとする存在であると考える傾向にあります。ヤングのモデルでは，5つの領域において18の早期不適応的スキーマを想定しています（表10-2）。

　また早期不適応的スキーマは，幼少期から形成されており，クライアントはそのスキーマに適応しようと自分なりのコーピングスタイル（対処スタイル）をとっていることが多いとされています。その結果，スキーマが修正されないまま，特定の感情や認知，行動が引き起こされたり，非機能的なコーピング反応が生じて，対人関係を中心とした問題の悪化につながることを説明しています。ある状況においてクライアントが敏感に反応し，ネガティブな感情が活性化される状態は「スキーマモード」とよばれています。たとえば，上記のような不信／虐待スキーマを抱えるクライアントが，スキーマへ服従するというコーピングによって，自分を虐待するようなパートナーを選んでしまったり，パートナーからのDVを受けても自分が弱いからだと思って許容してしまうようなことです。このスキーマモードにも，4つのグループ（チャイルドモード，非機能的コーピングモード，非機能的ペアレントモード，ヘルシーアダルトモード）

プラスα

スキーマモードの4グループと10のスキーマモード

チャイルドモードは, 誰しもが生まれながらにもっているものであり, 脆弱なチャイルドモードや怒れるチャイルドモードなど4つのスキーマモードが含まれる。怒れるチャイルドモードにある人は, 事の行方も考えずに怒りにまかせて振る舞うことが多くなる。

非機能的コーピングモードは従順・服従モード, 遮断・防衛モード, 過剰・補償モードといった3つのモードが含まれる。スキーマに従って他者に服従してしまったり, 不快感情からの回避のために不適切な行動をとったり, 自分のスキーマを認めずに他者を不当に扱ったりする行動が特徴である。

非機能的ペアレントモードは, 自分の養育者の態度を内在化した振る舞いであり, チャイルドペアレントモードにあるもう一人の自分に罰を与えたり（懲罰的ペアレントモード）, 過度に高い要求をする（要求的ペアレントモード）。

ヘルシーアダルトモードは他の非機能的なモードを緩和し, 修復する役割をもっている。たとえば, 怒れるチャイルドモードが活性化している状態であれば, 怒りの感情を落ち着かせて適切に表現するなどである。

表10-2　スキーマ領域と早期不適応的スキーマ

> ［領域1］断絶と拒絶
> 他者と安全で満たされた愛着関係を形成することが困難
> 1. 見捨てられ／不安定スキーマ
> 2. 不信／虐待スキーマ
> 3. 情緒的剥奪スキーマ
> 4. 欠陥／恥スキーマ
> 5. 社会的孤立／疎外スキーマ
>
> ［領域2］自律性と行動の損傷
> 家族から分離する能力に欠け, 独立して機能することが困難
> 6. 依存／無能スキーマ
> 7. 損害や疾病に対する脆弱性スキーマ
> 8. 巻き込まれ／未発達の自己スキーマ
> 9. 失敗スキーマ
>
> ［領域3］制約の欠如
> 他者との関わりや自己規制における内的制約の困難
> 10. 権利要求／尊大スキーマ
> 11. 自制と自律の欠如スキーマ
> 12. 服従スキーマ
> 13. 自己犠牲スキーマ
> 14. 評価と承認の希求スキーマ
>
> ［領域4］過剰警戒と抑制
> 15. 否定／悲観スキーマ
> 16. 感情抑制スキーマ
> 17. 厳密な基準／過度の批判スキーマ
> 18. 罰スキーマ

出所：Young et al., 2003/2008をもとに作成

とそれぞれに含まれる10のスキーマモード（例：脆弱なチャイルドモード, 怒れるチャイルドモードなど）が想定されており, クライアントは, 状況に応じて, いくつかのスキーマモードに切り替わる（フリップ）とされています。

スキーマ療法では, まず, クライアントがどのようなスキーマをもっているか, そしてどのようなスキーマモードが作用しあっているのかということを中心にアセスメントを行っていきます。そして介入では「ヘルシーアダルトモードの発達と強化」を行います。

具体的には, 不適応的なスキーマとコーピングスタイルを変化させ, クライアントの中核的な欲求を適切な方法で満たせるように援助していくことが目標となります。

4　マインドフルネス認知療法

マインドフルネス認知療法は, うつ病の再発に関する認知的脆弱性に注目した療法です。ティーズデイルとシーガルらの研究グループ（Teasdale et al., 1995; Segal et al., 1996）は, うつ病を経験した人たちは, うつ病がある程度治ってからも, 抑うつ気分になると否定的思考が活性化しやすいという認知的脆弱性があることを明らかにしました。そして, このような脆弱性が再発の過程に影響し, 否定的思考を反すうすることで再発に至るのではないかと彼らは考えました。そこで彼らは, 認知行動療法にカバットジン（Kabat-Zinn, 1990）の**マインドフルネスストレス低減法**を組み合わせることで, マインドフルネス瞑想をベースとした注意機能を訓練するプログラムを開発しました。

マインドフルネスとは，「今ここでの経験に，評価や判断を加えることなく能動的な注意を向けること」（Kabat-Zinn, 2003）と定義され，マインドフルネスを促進する方法として東洋の座禅やヨーガなどがもとになったマインドフルネス瞑想があります。マインドフルネス瞑想は，「呼吸への気づき」を中心に，さまざまな身体感覚や感情に注意を向けます。また訓練中に，頭にさまざまな思考が浮かんできたら，それらが浮かんでいることに「気づき」，思考はそのままに呼吸など身体への感覚に注意を戻すよう，注意をコントロールする訓練を行っていきます。このようなマインドフルネス瞑想によって，望まない思考や感情に気づきそれらとの関係性を変化させること，つまりそれらに自動的に従うのではなく，それらに意図的にスキルフルな方法で反応することを目指します。

シーガルらの開発したマインドフルネス認知療法は，8 セッション（各 2 時間）の集団形式の訓練セッションから構成されており，1 度に 12 名程度まで参加可能です。レーズンエクササイズ*やボディスキャン*など，注意の向け方の体験から始まり，呼吸に注意を向けた瞑想を中心に訓練を行い，否定的な感情や思考，身体感覚をコントロールすることなく，気づきを向けて受容することを学んでいきます。それによって，否定的な思考や感情と上手に距離をとることができるようになることを目指します。

4 ｜ 認知療法・認知行動療法の新しい流れと留意点

1　認知行動アプローチの新しい流れ

認知療法・認知行動療法は，認知心理学の知見を応用した介入技法が多いことが特徴的です。近年では，従来の認知療法・認知行動療法だけでなく，本章で取り上げたマインドフルネス認知療法以外にも，**メタ認知療法**や**注意訓練**など，抑うつや不安に関連のある認知機能を向上させることを目的とした新しい介入技法も注目されています。従来の認知療法は，自動思考やスキーマなど認知内容，つまり思考の「中身」を変化させることで気持ちを変えることを目指していましたが，近年は認知内容を変化させなくても，注意やメタ認知などの認知機能を高めることで自動思考を生み出すような反すうや心配といった思考プロセスに気づき，それらと気分との関係・影響を変化させること（思考の「機能」を変化させる）にも重点がおかれるようになってきました。このような認知行動アプローチの新しい流れは，「第 3 世代の認知行動療法」と呼ばれ，第 1 世代の行動療法，第 2 世代の認知療法に続く，認知行動アプローチの重要

語句説明

マインドフルネスストレス低減法
カバットジン（Kabat-Zinn, J.）がマサチューセッツ大学メディカルセンターのストレスクリニックで，慢性的な痛みなどに悩む患者を対象に実施していた 8 週間のプログラム。瞑想を基本として，レーズンや呼吸などの身近な刺激に注意を集中させることで，臨床的な技法として体系化した。

レーズンエクササイズ
瞑想とはどのようなものかを体験するための導入的なエクササイズ。最初にレーズンの形やにおい，感触などにじっくりと注意を払って観察する。次に，レーズンを口に入れ，感覚を確かめながら，ゆっくりと味わう。そして，最後に飲み込む。このように食べるという日常的な行動に注意を集中させることによって，普段の行動がいかに意識的になされていないかを確認する。

ボディスキャン
体のある部分に注意を集中させ，そこの感覚を感じ取っていく瞑想。十分に注意を集中させたら，他の体の部分へと順番に注意を移動させていく。

語句説明

メタ認知療法

ウェルズ（Wells, A.）らによって開発された，自らの認知を観察したり制御する「メタ認知」を介入のターゲットとする認知療法。たとえば，反すうや心配など繰り返し否定的なことを考える行為はうつ病や不安症を悪化させる要因とされているが，それらは「繰り返し考えることは問題解決に役立つ」「考えは自分では制御不能だ」などといったメタ認知によって意識的に選択していることが問題であるとウェルズたちは考えた。そこで，メタ認知への気づきや適切に距離をとる（脱中心化）ことを促していく。メタ認知への気づきや注意のコントロールを目的に，注意訓練を組み合わせることもある。

注意訓練

一つあるいは複数の音刺激に注意を集中させる訓練を通して，注意機能の向上を目指すもの。

な考え方になりつつあります。

2　留意点と重要な視点

　本章では，考え方を変えることで気持ちを変える方法として，第2世代および第3世代の認知行動アプローチを中心に紹介してきましたが，「考え方」も行動同様に，これまでその人が知らず知らずに学習したものであり，クライアントにとっては自動的な反応です。したがって，「考え方」について話し合うにあたっては，クライアント自身が自分の「考え方」に気づき，妥当性や有用性について検討し，より妥当で有用な考え方を身につけていくというプロセスが必要です。このプロセスには，クライアントとの信頼関係が重要になります。クライアントが自分の体験を率直に語ることができるような安心した空間と，その語りのなかで，セラピストと協働して，考え方への気づきや見直しを促進できるよう，オープンで能動的なやりとりが必要となってきます。

　また，考え方を変えることは気持ちや行動の問題を改善するための方法の一つにすぎません。考え方を変えることだけがセラピーの目標になってしまわないように留意が必要です。気分や行動に否定的な影響をもたらしている考え方であったとしても，クライアントにとってはなじみのある「考え方」であり，自分の一部として認識している場合もあります。そのような考え方を180度変えるということではなく，考え方の幅やレパートリーを広げる，考え方とうまく距離をとるということを強調しながら，いつもとは異なる気分や行動を体験できるように，協働的に進めていくことが大事です。

考えてみよう

　表10-1を参考に，ここ1週間くらいで，気分が少し落ち込んだあるいは悲しくなった出来事について，その状況・気分・考え（自動思考）に分けて，記録をとってみましょう。それらを眺めてみて，自分の特徴について考えてみましょう。

🪶 本章のキーワードのまとめ

認知モデル	私たちの気分や行動，もしくは身体の反応は，出来事そのものではなく，その出来事をどのように解釈したかによって決まってくるということを説明するモデル。認知療法のもととなるモデル。
認知行動アプローチ	気分や行動の問題について，その人の認知・行動面の反応を手がかりに，それらの内容や機能の変容に焦点をあてたアプローチ。
自動思考	ある状況で自然と頭にポップアップしてくる思考のこと。否定的な自動思考が抑うつをはじめとしたネガティブな気分や活動性の低下に影響を与えると考えられている。
スキーマ	幼少早期から形成される，自分自身や他者，あるいは自分を取り巻く世界に関する一定の構えや信念のこと。スキーマの内容と合致したストレス状況に遭遇したときに，そのスキーマは活性化しやすくなる。
認知的概念化	認知モデルをもとに，クライアントの現在の問題の形成・維持要因を検討すること。自動思考やスキーマを中心に，それらが気分や行動にどのように影響しているのかを仮説を立てて検討する。
認知再構成法	自動思考の妥当性や有用性を検討し，より事実に即した，機能的な思考を案出する方法。ソクラテス的質問や思考記録表を効果的に用いながら，新しい考えや見方を探し，考え方の幅を広げることで気持ちの改善を図る。
ソクラテス的質問	セラピストがクライアントに気づきを促すことを目的に行う，限定的に開かれた質問のこと。たとえば，自動思考を同定する際であれば，「そのときに頭にはどのようなことが浮かんでいましたか？」など。
マインドフルネス	自身の感情や思考に対して，無評価に，能動的な注意を向けること，またはそのような態度のこと。マインドフルネスが促進されることで，否定的な思考や感情と適切な距離がとれるようになる。

第Ⅳ部

臨床心理学の方法（2）：
心理社会的アプローチ

臨床の視点 ....

　人間の心は，個人的な側面のみで説明されるものではありません。家族や地域といった
生育環境，学校や職場といった社会環境，さらには経済環境などの影響を受けて心のあ
り方は変化します。つまり，個人の心は，環境との相互作用のなかで成長することもあ
れば，傷つき混乱することもあります。そこで第Ⅳ部では，家族やカップルを通しての
心理支援の理論モデルであるシステム論，地域コミュニティにおける心理支援の理論モ
デルであるコミュニティ心理学，社会の物語によって構成される個人の心のあり方を理
解し，支援する理論モデルである社会構成主義を紹介し，用いる技法もあわせて解説し
ます。

第11章

人間関係のなかで心をとらえる
（システム論：家族療法・カップルセラピー）

> この章では，システム論に基づいた心理療法として，家族療法とカップル・セラピーについて解説します。これらは他の心理療法とも共通点はあるものの，基本的に個人や家族，カップルの臨床的問題を人間関係のなかで理解するという特徴があります。ここでは，システム論の基本を説明し，架空事例を用いて家族療法について解説したいと思います。

1 │ 今，なぜ家族か

　心理学では，長年にわたって個人の心理と行動の解明が主たる研究テーマであり，心理療法も個人に焦点を当てた臨床的援助が中心でした。そして，家族は個人にとっての二次的な存在であり，心理学や心理療法のなかではさほど重視されてきませんでした。しかし，社会の急激な変化とともに家族関係も大きく変化してきており，夫婦・親子・家族関係をめぐるさまざまな問題が浮かび上がってきました。

　たとえば，**児童虐待**は今や深刻な社会問題となっていますが，全国の児童相談所が対応した件数は，1990年度の1,101件から年々増加の一途をたどり，2018年度には159,838件に達しました。近年では，警察からの**面前DV**（子どもが同居する家庭での夫婦間の暴力で，心理的虐待の一つ）の通告が急増しています。また，文部科学省（2019）によると，全国の小中学校および高校の児童・生徒の2018年度中の自殺者数は332人であり，1986年以来最多となりました。その理由（自殺の原因）は，「不明」194人（58.4％）を除くと，「家庭不和」41人（12.1％），「父母等の叱責」30人（9.0％）といった家族の問題が上位を占めており，「精神障害」24人（7.2％），「友人関係での悩み（いじめを除く）」16人（4.8%），「いじめの問題」9人（2.7％）よりも多いのです。その他，子どもから親への家庭内暴力，夫婦間のドメスティック・バイオレンス（DV：IPVともいわれます）なども深刻な問題です。

　将来公認心理師を目指している人のなかには，学校でスクールカウンセラーとして働きたいと思っている人も少なくないでしょう。その場合，子どもたちの心理的支援をしたいと思っている人が大半ではないでしょうか。しかし，実

プラスα

児童生徒の自殺の原因

「家庭不和」と「父母等の叱責」を合わせると49人（19.6％）となり，「不明」に次いで多いことになる。

さまざまな領域での家族支援

教育，保健医療のほかにも，福祉，産業・労働，司法・犯罪のすべての領域において，家族支援は重要である。

際のスクールカウンセラーの仕事は，児童生徒に対する心理的支援はもちろん
のこと，児童にとっての最も重要な関係者である親と関わり支援することも非
常に重要ですし，時には虐待の問題に関わらなければならないこともあります。
　一方，保健医療領域におけるうつ病，統合失調症，認知症，不妊症など，医
療機関で治療を受けている患者個人の心理的支援が重要なのはもちろんですが，
その患者と日常的に関わっている家族も，どのように関わったら良いかなどさ
まざまな悩みや葛藤を抱えています。そうした家族を理解しサポートすること
は，患者の治療にもプラスになることであり，公認心理師に求められる重要な
役割でもあるのです。

2 ｜ システムとしての夫婦・家族

　かつての精神医学の世界では，家族が原因となって統合失調症を引き起こす
と考えられていました。たとえば，患者と母親との関係に注目した母子共生
(mother-child symbiosis) や統合失調症を生み出す母親 (schizophrenogenic
mother) といった概念，家族のコミュニケーションに注目した**二重拘束**[*]理論
(double bind theory) や偽相互性 (pseudo-mutuality)，患者の両親の夫婦関
係に注目した分裂した夫婦 (marital schism) と歪んだ夫婦 (marital skew) など，
心の問題の原因は家族にあると考えられていたのです。
　一方，英国を中心として，家族の感情表出 (EE：Expressed Emotion) と統
合失調症の再発の関連性が実証的に明らかになり，家族は心の問題の"原因"
とは言えないものの，心の問題の改善や悪化には大きな影響を与えることが
わかってきました。それと並行して心理療法の世界ではシステム論が紹介さ
れ，それが1950年代以降の家族療法の誕生に結びつき，その後カップル・セ
ラピー(本章第4節参照)の発展にもつながりました。それでは，家族療法やカッ
プル・セラピーが依拠しているシステム論とはどのようなものであり，それは
従来の心理療法理論とはどのように異なる枠組みなのでしょうか。

1 システム論とは

　そもそもシステムとは，元来ギリシャ語で「一緒にされたもの」という意味
であり，日本語では「秩序をつけて組み立てられた全体」という意味で「組
織」や「体系」と訳されます (遊佐，1984)。動物も人間も家族も学校も会社も，
地球も太陽も宇宙もシステムであり，システムといえるものは無数に存在しま
す。この多種多様なシステムを共通原理で説明しようとするのが一般システム
理論 (General Systems Theory) であり，理論生物学者のフォン・ベルタラン

語句説明
**二重拘束（ダブル
バインド）**
愛情と拒絶のメッセー
ジを同時に発するなど，
矛盾したコミュニケー
ションが繰り返される
こと。

プラスα
**高EE（High
EE）**
患者に対するその家族
の批判的コメント，敵
意，過度な情緒的巻き
込まれが多く見られる
ことで，患者の再発率
が高いことがわかって
いる。

フィ（von Bertalanffy, L.）によって考案されました。その後，ミラー（Miller, J.G.）が精神医学界での適用を重視して，人間などの生物体に当てはまる一般生物体システム理論（General Living Systems Theory）を発表しました。

2 システム論的なものの見方の基本

　システム論では，研究や治療の対象を理解しようとするとき，対象のみに焦点を当てて細かく分析するのではなく，その対象を取り巻く環境や文脈との関係を考慮して理解します（**システムズ・アプローチ**[*]）。たとえば，子どもに何らかの問題や症状がみられたとき，子どもの心理に注目して不安や感情，思考を理解するだけでなく，その子どもにとっての重要な環境である家族との関係や学校における人間関係なども含めて理解することで，子どもの問題をより多角的に理解することができ，支援のあり方においても選択肢が広がると考えるのです。つまり，子どものことを理解しようと思ったら，子どもだけに焦点を当てていても不十分であり，子どもの親との関係，両親の夫婦関係，学校での教師やクラスメートとの関係や部活動での人間関係など，子どもの日常生活における人間関係や集団も視野に入れることが役に立つと考えるのです。

　同様に，ある家族について理解しようとするのであれば，その家族の内部や一人ひとりの家族メンバーだけに焦点を当てるのではなく，その家族を取り巻く親族，職場，学校，地域社会，国家，文化など，家族にとっての重要な環境との関係を考慮して理解することが必要と考えるのです。

3 システムの特性と家族への適用

　それでは，システムにはどのような特性があるのでしょうか。ここでは，家族というシステムを理解するうえで特に重要な特性に焦点を当てて解説します。

①階層性

　システムの特性としてまずあげられるのは，階層性です。あるシステムは，それを構成するより小さなシステムであるサブシステム（下位システム）をいくつかもっていますが，同時にそのシステムよりも大きなシステムであるスープラシステム（上位システム）を構成するサブシステムの一つでもあります。

　図11-1を見てください。A家を当該システムとすると，A家の家族メンバーである父親，母親，師朗，妹はそれぞれサブシステムといえますし，父親と母親は両親サブシステム，師朗と妹は子どもサブシステムとみなすこともできます。一方，父親と母親の実家などの親族は，A家のスープラシステムと考えられます。そして，サブシステム，システム，スープラシステムは，次に述べる開放性を基本としているため，お互いに影響を与え合っています。個人の変化はスープラシステムである家族に影響を与えますし，家族の変化もまたサブシステムである個人に影響を与えます。また，家族にとってのスープラシステム

【語句説明】
システムズ・アプローチ
家族療法のように，システム論に基づく心理療法や心理的支援の方法を総じてシステムズ・アプローチという。

【プラスα】
個人もシステム
図11-1の師朗を当該システムとすると，A家はスープラシステム，身体の神経系などはサブシステムといえる。

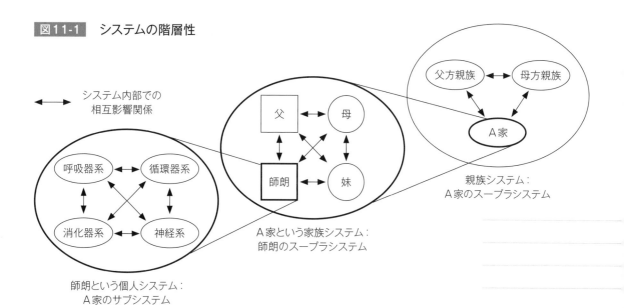

図11-1　システムの階層性

システム内部での
相互影響関係

呼吸器系 ←→ 循環器系
消化器系 ←→ 神経系

師朗という個人システム：
A家のサブシステム

父 ←→ 母
師朗 ←→ 妹

A家という家族システム：
師朗のスープラシステム

父方親族 ←→ 母方親族
A家

親族システム：
A家のスープラシステム

である親族における変化は，サブシステムである家族に影響を与えますし，家族の変化もまた親族に影響を与えるのです。

②開放性

　システムは，基本的にそのシステムだけで存在しているわけではなく，環境となるさまざまなシステムに対して開かれており，刺激や情報のやりとりをしています。図11-2を見てください。父親にとっての重要なシステムとしての会社，母親にとっての重要なシステムとしての地域社会，子どもにとっての重要なシステムとしての学校などがあります。そして，それぞれの重要なシステムで生じたことが個人に影響を与えて家族のなかに入ってきますし，反対に，家族のなかで体験したことが個人にとっての重要なシステムに影響を与えたりします。このように，システムがそれを取り巻く他のシステムとの間で刺激や情報をやりとりできる透過性があることを，開放性といいます。

　たとえば，父親の会社の業績が悪化して残業が増えると，家族と一緒に過ごす時間が減り，母親の不満が大きくなって子どもに八つ当たりするかもしれません。あるいは，両親夫婦が激しい喧嘩をするのを見た子どもの不安とイライラが強くなり，学校で友だちをいじめるということにつながるかもしれません。このように，家族は自己完結したシステムではなく，家族を取り巻くさまざまなシステムとの相互影響関係のなかで生きているのです。

③円環（循環）的因果律：相互影響関係のなかで生じる悪循環と解決の試み

　私たちはふだんから，物事を原因と結果で考えることに慣れています。たとえば，母親の育て方が問題（原因）で，子どもに問題が生じた（結果）というような見方です。このように，何らかの原因によってある結果がもたらされると理解することを直線的因果律（linear epistemology）といいます（図11-3）。

図11-2　システムの開放性

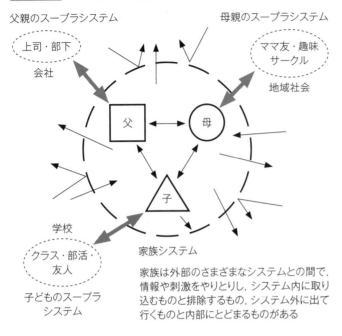

父親のスープラシステム

上司・部下

会社

母親のスープラシステム

ママ友・趣味
サークル

地域社会

父　母　子

学校

クラス・部活・
友人

子どものスープラ
システム

家族システム

家族は外部のさまざまなシステムとの間で，情報や刺激をやりとりし，システム内に取り込むものと排除するもの，システム外に出て行くものと内部にとどまるものがある

図11-3　直線的因果律

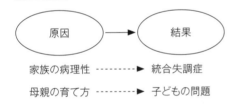

原因　→　結果

家族の病理性 ------▶ 統合失調症
母親の育て方 ------▶ 子どもの問題

プラスα

直線的因果律
家族の病理性が統合失調症を引き起こした，母親の育て方が悪かったから，子どもに問題が生じた，というようなとらえ方（図11-3）。

直線的因果律では，原因とみなされている人が悪者や加害者で，何らかの悩みや問題を抱えている人を被害者とみなし，悪者や加害者とされた人を責めることになりがちです。

　しかし，このような直線的因果律に基づく理解は，過度に単純化した理解だといえます。なぜならば，子どもは家族のみならず学校や地域社会など，さまざまな人との関係のなかで生きているからです。もし母親の育て方が原因で子どもに問題が生じるのであれば，反対に子どもに何も問題が起こらず健やかに成長していれば，それは母親の育て方が良かったからであり，父親も祖父母も友人も教師も無関係だということになってしまうでしょう。

　一方，人と人との関係では，出来事はお互いに影響を及ぼし合っていて，どれもが原因であると同時に結果であるとか，複数の要素が互いに複雑に絡み合っていて何が原因で何が結果かを判別することは難しい，という見方を円環（循環）的因果律(circular epistemology)といいます（図11-4）。そして，家族のなかでは何か葛藤や問題を生じたときに，家族メンバーのそれぞれがそれを何とかしようとする解決の試み（attempted solution）によって，皮肉なことに，より問題を大きくしてしまうという悪循環が起こりがちです。このような円環（循環）的因果律に基づくと，問題とされている誰か一人が変われば良いというのではなく，それまでの悪循環とは異なる循環が起こること，すなわち，問題に関わっている人皆が少しずつ変わり家族の関係が変わることによって，問題は解決すると考えるのです。たとえば，子どもに何か問題が生じているとき，子どもだけが変わるのではなく，両親やきょうだい，時には祖父母や学校も少しずつ変わることが，子どもの問題解決につながると考えるのです。

④原因追求をしない：IP（identified patient）という考え方

　このように，システム論を家族に適用すると，仮に子どもが不登校になったというような問題も，子ども自身の心理的な問題だとか，母親の育て方が悪かったからだとか，父親が無関心だからなど，誰（何）が原因かということは単純にはいえなくなります。したがって，原因を特定したり追求することは，

援助をするうえでは大きな意味をもたなくなります。

そこで家族療法では，不登校の子どものように，何らかの問題や症状を呈している家族メンバーのことをIP（identified patient：患者とみなされた人）といいます。つまり，IP個人がもつ問題だということではなく，IPの問題や症状は家族のなかで問題を解決しようと試みている人たちのなかで悪循環が起こっていて，うまく機能することが難しくなっているサインであり，家族関係に何らかの変化が必要になっていることを表していると考えるのです。

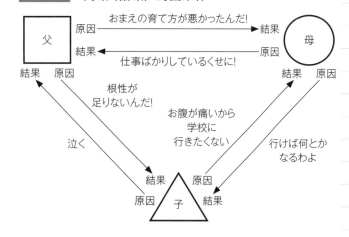

図11-4　円環（循環）的因果律

4　生物体システムの属性とさまざまな家族療法

以上の特性は，さまざまなシステムに当てはまるものですが，人間が関与し構成する生物体システム（個人・家族・学校・職場・地域社会など）を理解するうえで重要なのが，発達・歴史，構造，機能という3つの属性です。

①発達・歴史

生物体システムの発達・歴史とは，時間の経過とともにシステムが変化していく巨視的（マクロ的）なプロセスです。

まず，家族システム（とりわけ核家族）の発達という属性に焦点を当てているのが，**家族ライフサイクル**という考え方です。これは，夫婦と子どもから成る平均的な家族が，時間の経過と共にどのような発達段階を進み，そこでどのような発達課題に向き合い危機（**発達的危機**と**状況的危機**）に直面しながら変化していくかについてのモデルです。ただし，これはあくまでも平均的な家族のプロセスであり，離婚や死別によるひとり親家庭，子どものいない夫婦，同性愛のカップルなど，家族にはさまざまな形態がありますから，家族ライフサイクルのモデルを唯一絶対のものとみなすべきではありません。

また，3世代以上の家族の歴史的プロセスに焦点を当てて理解することも，現在の家族の関係や問題を理解し援助するうえで役立ちます。たとえば，子どもに何か問題が見られたとき，通常は子どもと親との2世代の関係に焦点が当てられますが，それに加えて親とそのさらに上の世代（祖父母など）との関係も視野に入れるのです。今子どもを育てている親自身は，どのような家族のなかで育てられ，何を体験してきたか体験してこなかったのか，それが現在の夫婦関係や子どもとの関係にどのような影響としてみられるかを理解するのです。このように家族の歴史的プロセスを重視するのが**多世代家族療法**

プラスα

家族が悪いのか
「IP個人が悪いのではなく，家族が悪いのだ」と考えてしまったら，システム論に基づく家族療法的な理解とはいえない。

円環（循環）的因果律
子が「お腹が痛いから学校に行きたくない」と言い，母が「行けば何とかなるわよ」と慰めると，父が子に「根性が足りないんだ！」と叱る。すると子は泣き，父が母に「おまえの育て方が悪かったんだ！」と八つ当たりすると，母は父に「仕事ばかりしているくせに！」と反撃する。家族のなかではこうしたやりとりが繰り返されることがしばしばある（図11-4）。

悪循環
眠れないとき，眠ろうと努力すればするほど眠れなくなる，という悪循環の経験は多くの人にあるだろう。

129

(Transgenerational Family Therapy）です。また，後述する構造派家族療法は，近年になってこうした家族の歴史的視点をより重視するようになっています。

②構造

　生物体システムの構造とは，ある時点でのシステムの部分と部分の組み合わせ方や関係，仕組みのことです。家族の場合，サブシステム間の関係を理解することで，その家族特有の構造を把握することができます。

　構造を把握するための基本的な概念として，家族メンバーの誰と誰が心理的に近いか遠いかを示す**境界（boundary）**があります。自他の区別がありつつも適切な交流ができる明瞭な境界（clear boundary），自他の区別が曖昧で過度に密着しているなど，お互いに影響を与え合い過ぎてしまう曖昧な境界（diffused boundary），無関心や放任などお互いの関わり合いが過度に少なく距離が遠い堅固な境界（rigid boundary）の3つがあり，一般的には明瞭な境界が望ましいと考えられています。また，家族のなかで誰の影響力が強いか弱いかを表す，パワー（power）という視点も重要です。もし夫婦の間でパワーの格差が大き過ぎると，支配─服従のような関係になってしまうでしょうし，親よりも子どものほうがパワーをもってしまうと，世代の逆転現象が起こり適切なしつけや養育は難しくなるでしょう。

　このような家族の構造に焦点を当て，境界やパワーを変化させることで症状や問題を解決しようとするアプローチの代表が，ミニューチン（Minuchin, S.）が創始した構造派家族療法（Structural Family Therapy）です。

③機能

　生物体システムの機能とは，微視的（マイクロ的）なプロセスで，ある程度の規則性をもって繰り返される出来事のパターンやコミュニケーションのことです。言い換えれば，家族メンバー間で展開する言動の連鎖であり，日常生活における具体的な相互影響関係です。

　この家族メンバー間のコミュニケーションという機能にもっぱら焦点を当てるのが，コミュニケーション派ともよばれるカリフォルニア州パロアルトのMRI（Mental Research Institute）で開発されたブリーフ・セラピー（Brief Therapy）です。家族の発達や歴史，個人の心理には特に焦点を当てず，家族メンバー間の日常的なやりとりにもっぱら焦点を当て，その連鎖や悪循環を変化させることで症状や問題を解決しようとします。

3　家族療法の実際

　このように，一口に家族療法といっても，上記のような3つの大きな源流

プラスα

家族ライフサイクル
いくつかのモデルがあるが，①結婚前の独身期，②新婚期，③子育て期，④学童期の子どもを育てる時期，⑤思春期・青年期の子どもを育てる時期，⑥子離れ期，⑦老年期の7段階に分けるのが一般的である。

多世代家族療法
自己分化を重視するボーエン（Bowen, M.）の家族システム理論（Family Systems Theory）や家族における忠誠心や公平性を重視するボスゾルメニイ・ナージ（Boszormenyi-Nagy, I.）の文脈療法（Contextual Therapy）がある。

コミュニケーションとは何か
コミュニケーション派では，人はコミュニケーションしないということはできない，沈黙もコミュニケーションであると考える。沈黙は，同意，愛情，動揺，怒りなど，前後の文脈によってさまざまな意味があり，それが他者に影響を与える。

IPが来談しないケース
家族療法では，個人の心理だけでなく家族の関係性を理解し働きかけ変化を及ぼすことも重視するため，必ずしも問題や症状を抱えている本人が来談しなければならないとは考えない。

があり，現在ではそこから派生してさらに多くの**家族療法**が生まれています。ここでは，不登校の問題に悩む親子のケースを題材にして，特定の家族療法のアプローチに偏らず，システム論と 3 つの大きな家族療法の主要な概念を用いて，家族療法的な理解の仕方や援助の仕方の基本を解説していきます。

1　事例の概要

> **事例**　**不登校の問題に悩む親子の家族療法**
>
> 　父親は 45 歳で某大企業に勤める会社員。毎日多忙で，帰宅は深夜になることも珍しくありませんでした。
>
> 　母親は 42 歳。大学卒業後，数年間企業に勤め，結婚を機に退職し専業主婦になりました。
>
> 　健師朗（仮名）は 14 歳の私立中学 2 年生男子。もともとおとなしい性格です。
>
> 　健師朗は中 1 の 2 学期から時折登校を渋るようになり，中 2 の 4 月からまったく登校できなくなりました。母親が何回か学校のスクールカウンセラーに相談し，夫が父親として子育てに協力してこなかったことに対する不満などを話したところ，父親も含めてできれば家族 3 人で家族療法を受けることを勧められ，6 月になって民間の家族療法機関に来談しました。面接は 1 回 90 分間で，月に 1 回合計 8 回（初回のみ 3 人で，2 回目以降は両親夫婦のみで）行いました。
>
> 　結婚当初より父親は多忙で，新婚にもかかわらず夫婦二人で過ごす時間は十分ありませんでした。結婚 1 年後に健師朗が誕生しましたが，出世が早かった父親の仕事はますます忙しくなり，健師朗と一緒に遊ぶ時間もほとんどなく，次第に母親の不満は募っていきました。しかし，父親と面と向かって話し合うこともなく，母親は健師朗の子育てにエネルギーを注ぐことで不満や寂しさを紛らわしていました。健師朗が 3 歳になってからは，日替わりで英語，スイミング，ピアノなど 5 つの習い事に通わせ，小 3 からは中学受験のための進学塾にも通わせました。健師朗はおとなしい性格で，特に不満を言うことはありませんでした。また，小学校では成績優秀で，登校を渋ることはありませんでした。しかし，中学受験は第 1 志望の有名私立中学には合格できず，第 2 志望の私立中学に進学することになりました。
>
> 　受験に失敗したことで，健師朗はもちろん母親も大きなショックを受けました。中学には入学したものの，健師朗は自信をなくして勉強に対する意欲も低下しました。1 学期は頑張って登校し，部活にも参加していましたが，夏休みになって昼夜逆転の生活になり，2 学期になると起床後に頭

痛や腹痛を訴えるようになり，母親が登校するように厳しく言うと「うるせえ，ババア」と強く反発するようになりました。以前はおとなしくて素直だった健師朗が反抗的になったことで母親は狼狽し，健師朗に積極的に関わろうとしない父親に不満をぶつけるようになりました。父親は仕事を早く切り上げて帰宅し夫婦で話し合おうと努力しましたが，母親からこれまでの孤独な子育てに対する不満と怒りをぶつけられ，父親は黙り込むというパターンの繰り返しにとどまり，父親として健師朗にどのように接して良いかわからず，困り果てていました。健師朗は登校と欠席を繰り返しながら中2になりましたが，始業式の日からまったく登校しなくなりました。

来談に至るまでのこうした家族関係は，構造的にみれば母親と健師朗が密着しているという曖昧な境界がみられ，一方父親とは疎遠で堅固な境界がみられました。また，**家族システム理論**の観点からは，長年両親夫婦は夫婦間の葛藤を回避し，母親が健師朗を巻き込むことで表面的には夫婦が安定化するという2対1の三角関係（triangle）が続いていたと理解することができます。家族ライフサイクルの観点からは，健師朗が母親に反発するようになったのは，一見すると非常に深刻な問題にみえるかもしれませんが，思春期になった子どもの家族からの自立の試みと理解することができます。そして，コミュニケーションの視点からは，母親が父親に不満と怒りをぶつけ，父親は何も言い返さないで黙り込むという悪循環が続いていました。

さらに，家族療法のなかでこの家族の歴史的なプロセスとしてわかったのはこの家族の**ジェノグラム**[*]（図11-5）にみられるように，父親の実父は海外での単身赴任生活が長かったため，一緒に遊んだ記憶もまったくなく，疎遠な父子関係だったということです。また母親のほうは，小学生の頃から実母が成績の良い3歳上の姉ばかりを可愛がることを妬んできたこと，姉の息子が有名中学に合格して以降，健師朗をもっと偏差値の高い中学に行かせて姉や実母を見返してやりたいと思ってきたことが語られました。

プラスα

三角関係
両親と子どもとの間の三角関係が典型的だが，実家や援助者が巻き込まれて複数の三角関係（連結した三角関係）が形成されることもある。

語句説明

ジェノグラム
家族療法で用いられる3世代以上にわたる家族システムの家系図作成法。家族の構造やメンバーの特徴，家族の人間関係を視覚的に表すことができ，症状や問題と家族の歴史的プロセスとの関連性を理解するのに役立つ。

図11-5　健師朗家族のジェノグラム

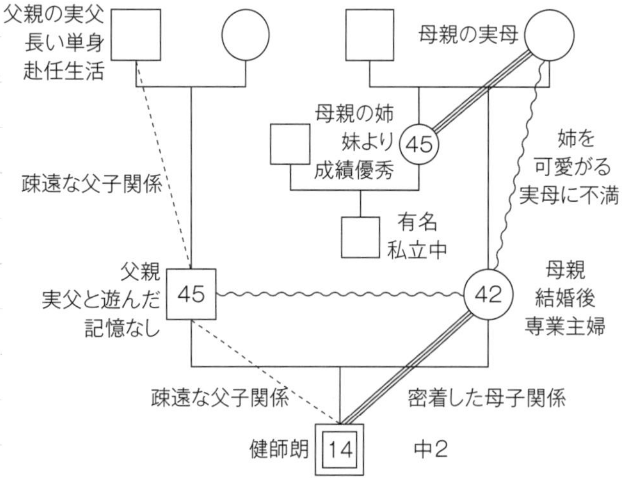

注：□は男性，○は女性，IPは二重で囲む。数字は年齢を表す。点線は疎遠な関係，三重線は密着した関係，波線は葛藤関係を表している。

2　セラピストの介入

初回面接で，セラピストは家族一人ひとりと信頼関係を築くことを心がけつ

つ，上記のようなこれまでの家族関係について把握するよう努めました。その際，これまでの家族のお互いに対する関わり方や特徴をまず受け入れるという**ジョイニング***（joining）といわれる態度を基本としつつ，父親，母親，健師朗，一人ひとりの違いを尊重し，それぞれが困っていること，考えていること，感じていることに共感的に耳を傾ける**多方向への肩入れ**（multidirected partiality）を心がけました。また，健師朗が母親に対して時に攻撃的な言葉をぶつけることに関しては，母親がこれまでほとんど一人で健師朗の子育てを担ってきた苦労をねぎらいつつ，健師朗が母親から自立しようと頑張っているサインであり，父親の協力が必要になっていることを表していると**リフレーミング***（reframing）しました。

　2 回目以降，セラピストは健師朗が両親と一緒に来て話をしたければいつでも来て良いということを伝え，基本的には両親のみでの面接となりました。これは，母親の父親に対する不満に耳を傾け受容する一方で父親をサポートすること，それによって両親の夫婦としての連合を強化し，健師朗を巻き込んだ三角関係を解消して適切な親子の世代間境界を形成することを狙ったものでした。そして，健師朗に過剰に期待せざるを得なかった母親が抱えてきた，実母に対する怒りやその根底にある寂しさを共感的に受け止めました。母親は涙を流して「健師朗にはつらい思いをさせちゃったかも」と反省し，それ以降学校のことをしつこく言うのをやめました。また，セラピストは，実父とほとんど交流がなかった父親にとって，思春期を迎えた息子とどのように関わったら良いかわからないというのはある意味では自然なことであり，それにもかかわらず息子のために母親と話し合おうと努力したり，家族療法に通って何とか問題解決しようとしていることを肯定的に評価しました。

　こうしたセラピストのエンパワーによって，両親夫婦は時に喧嘩することはあったものの，休日に夫婦二人で出かけることが増えました。また，二人で協力して健師朗と話し合えるようになり，家族 3 人揃って数年ぶりに旅行に行ったりして親子の関係も改善していき，半年後には健師朗は登校もできるようになりました。

3　家族療法のメリット

　家族療法では，家族の一人ひとりに対して個人として援助的に関わる側面と，家族同士の関係やコミュニケーションに働きかけて変化をもたらす側面があります。特に後者は，複数の家族メンバーが同席していることによって，どのような関係や悪循環が起こっているかをつぶさに観察することができ，そこに直接的に働きかけられるというメリットがあります。家族のなかで深刻な葛藤や問題が生じているとき，一人だけが変わろうと努力しても，他の家族メンバーも変わることは容易ではありません。そのような場合，複数の家族メンバーに

語句説明

ジョイニング
ジョイニングには，追跡（傾聴し家族の話についていく），調節（家族のこれまでの交流のパターンに合わせる），模倣（言語的・非言語的に家族に合わせる）の 3 つの要素がある。

リフレーミング
問題とされていることの枠組みを変えることによって意味づけを変え，それによって認知的情緒的行動的変化を起こす技法。多くの場合，否定的に意味づけられている問題を肯定的に意味づける介入がされる。リフレーミングが効果的な介入となるためには，セラピストとクライアントの間に信頼関係が確立されており，セラピストの受容と共感的応答が不可欠である。

同時に援助的に関わることで，家族がお互いを理解し合い変化が起こりやすくなるのです。

4 | カップル・セラピー

家族療法のように，システム論を基盤とする夫婦を対象とした心理療法をかつては夫婦療法といっていましたが，昨今では既婚の夫婦のみならず結婚前のカップルや同性愛のカップルも対象とされるようになったことから，**カップル・セラピー**とよばれるようになっています。また，かつては夫婦・家族療法といわれることもありましたが，近年カップル・セラピーは，家族療法とは異なる独自の発展をしています。

カップル・セラピーには，対象関係論，認知行動療法，感情焦点化療法などさまざまなアプローチを基盤にしたものがありますが，実際にはそれらには共通点も少なくありません。たとえば，カップルの双方を個人として理解すること，二人の相互影響関係を理解すること，思考や感情の側面を扱うことなどです。

カップル・セラピーに持ち込まれる問題としては，子育てをめぐる夫婦の衝突，不妊をめぐる意見の相違，不倫発覚による夫婦関係の悪化，離婚するかどうかの葛藤，再婚夫婦の葛藤，結婚に踏み切れないカップルの悩み，などさまざまです。わが国ではカップル・セラピーを実践している心理臨床家は非常に少ないのが現状ですが，近年夫婦やカップルの問題に悩む人は増加しており，ニーズは急速に高まっています。

プラスα
カップル・セラピー
欧米ではカップル関係におけるセックスの問題が重視されており，セックス・セラピーも盛んである。

考えてみよう

あなたが公認心理師として，不登校の中学生の心理療法を行う場合，中学生本人だけの心理療法を行う場合と比べて，その両親を含む3人の家族全員と会って家族療法を行う場合，どのようなメリットや難しさがあるかを考えてみてください。

🖋 本章のキーワードのまとめ

家族療法	家族を一人ひとりの特徴の総和ではなく，まとまりのあるシステムとみなし，個人の症状や問題，家族内の葛藤を，一人ひとりの心理だけでなく，家族の関係性や家族を取り巻く社会システムとの関係性から理解し介入する心理療法。
児童虐待	保護者（親や親に代わる養育者）による児童への虐待行為で，身体的虐待，心理的虐待，性的虐待，ネグレクト（養育の放棄・怠慢）に分類される。2000年に児童虐待の防止等に関する法律（通称児童虐待防止法）が成立。
家庭内暴力	家庭内で起こる家族に対する暴力的言動や行為。一般的に日本では，子どもが親に対してふるう暴力を指すことが多い。
ドメスティック・バイオレンス（DV）	配偶者や恋人など親密な関係にある，またはあった者からふるわれる暴力のことで，身体的暴力，精神的暴力，性的暴力がある。未婚の恋人間の場合，デートDVといわれる。
面前DV	DVのなかでも，子どもの目の前で親が配偶者や家族に暴力をふるうこと。子どもに深刻な影響をもたらすことから，2004年の児童虐待防止法改正で心理的虐待と認定されるようになった。
IPV（Intimate Partner Violence）	DVと互換的に用いられる。親しいパートナー（主に配偶者・元配偶者・恋人・元恋人で，同居の有無は問わない）を暴力により支配・コントロールする意図的な行為の総称。
発達的危機	家族ライフサイクルの各発達段階において，一般的な家族が遭遇しやすいある程度予測可能な危機。子どもの誕生による夫婦の親密性の低下，思春期の子どもの親への反抗的態度，子離れ期の夫婦間葛藤など。
状況的危機	ごく一部の家族しか経験しない予測不可能な危機。家族メンバーの早すぎる死，自殺，事故，障害，失業，災害など。周囲から適切なサポートを得ることが難しく，その危機を克服するのは容易ではない。
多世代家族療法	個人や家族の問題を3世代以上の拡大家族システムの歴史的枠組みを用いて理解し介入する家族療法。子どもの問題の場合，親子関係だけでなく，親と祖父母との関係やさらに上の世代との関係も視野に入れる。
境界（boundary）	家族の相互作用のプロセスで，誰と誰がどのように関わるかのパターン。自他の区別が明確で適切な交流がみられる明瞭な境界，自他未分化で過剰に影響し合う曖昧な境界，お互いの交流が乏しい堅固な境界がある。
家族システム理論	本来は多世代家族療法のボーエンのアプローチを指すが，日本ではシステム論を家族に適用する考え方一般を指すことが多い。
多方向への肩入れ（multidirected partiality）	家族療法におけるセラピストの基本的態度と技法。家族メンバー一人ひとりに積極的に働きかけて信頼関係を築いていく。家族が抱える困難，痛み，苦しみ，犠牲，努力に対して共感的な応答を重ね，対話を促進していく。

第12章 地域のなかで生活を支える（コミュニティアプローチ：コミュニティ心理学）

社会のあり方が常に変化している現代社会，そこで生きる人々を支える方法もまた，変わることを求められています。社会のニーズにあった，必要な人に届く心理援助の形を模索していくことは，専門家の大切な仕事といえるでしょう。本章では，面接室内にとどまらない，生活の場で人々の心の健康を支えていく方法を，コミュニティ心理学の考え方を用いながら紹介していきます。

1 コミュニティで求められる心理援助

1 社会の変化と人々の生活

　カウンセリングや心理援助と聞いて，みなさんは何をイメージしますか？多くの方が，専門家であるカウンセラーが，クライアントの方と面接室で向き合い対話する姿を思い浮かべるのではないでしょうか。しかしながら実際には，さまざまな理由により，ニーズを抱えながらも面接の場にはつながらない人たちが大勢存在しています。地域で暮らす人々の支援に心理学が貢献するためには，個人を対象とした面接室での支援から，発想を大きく転換させる必要があります。

　社会においてどのような心理的援助が求められるのか。このことを考えていくためには，社会のあり様そのものが変化し続けていることを前提とした議論が不可欠です。都市化・核家族化が進むなかで，地縁血縁でつながっていた地域社会は日本の多くの場所で消滅しており，隣に住む人の顔も名前も知らないことは大都市ならずとも決して珍しくありません。また2017年度の調査では，図12-1に示すとおり，単身者のみの単独世帯が全世帯の27％を占めるなど，「家族」を，社会を構成する基本単位

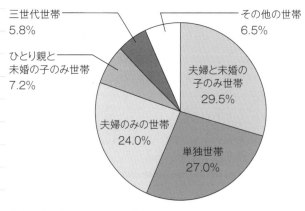

図12-1　世帯構造

三世代世帯 5.8%
ひとり親と未婚の子のみ世帯 7.2%
夫婦のみの世帯 24.0%
単独世帯 27.0%
夫婦と未婚の子のみ世帯 29.5%
その他の世帯 6.5%

出所：厚生労働省，2017をもとに作成

136

とみなすことも難しくなりつつあります。

　このような社会的状況のなかにあって，心理援助の専門家に求められる役割も多様化しています。本章では，コミュニティ心理学の考え方を紹介しながら，今日の社会において，どのような心理的援助が必要とされているのかを検討していくことにしましょう。

2　コミュニティ心理学の定義

　コミュニティ心理学とは，特定の心理援助技法や理論というよりは，問題を理解したり，援助のあり方について考えたりするための，基本的な認識枠組みのようなものといえます。1960年代の米国において，地域精神保健活動を母体として誕生し，公民権運動を背景に発展した比較的新しい心理学の実践領域ですが，今日では福祉全般，教育領域・産業領域など，人間生活の幅広い領域に，その発想は広がっています

　コミュニティ心理学の定義は多岐にわたりますが，コミュニティ心理学の考え方を日本に紹介した研究者の一人である山本（1986）は，「コミュニティ心理学とは，さまざまな異なる身体的・心理的・社会的・文化的条件をもつ人々が，誰も切り捨てられることなく，ともに生きることを模索するなかで，人と環境の適合性を最大にするための基礎知識と方略に関して，実際におこるさまざまな心理的社会的問題の解決に具体的に参加しながら研究をすすめる心理学である」と述べています。さらにダントンらは，コミュニティ心理学の特徴について，「個人とコミュニティ，そして社会との関係に焦点をおく。そしてコミュニティ心理学者は共同・参画的（collaborative）な研究と実践を通して，個人，コミュニティ，そして社会における生活の質（QOL: Quality of Life）を理解し，これを向上させるための方策を模索し，実践する」と説明しています（Dalton et al., 2001/2007）。少しわかりにくいかもしれませんが，生活の場に入り込み，そこに暮らす人々の生活の様子を理解しながら，生活の質を高めていくダイナミックな援助のプロセスや，従来の心理援助専門家とは異なる専門家像が伝わってくることでしょう。

　日本においては，臨床心理士の専門家としての業務の一つに，「臨床心理的地域援助」があげられており，コミュニティ心理学が，面接室内の援助にとどまらない心理援助実践に理論的な枠組みを提供してきました。さらに公認心理師法は，その第2条において，「心理に関する支援を要するもの」への直接的な援助とともに，「心理に関する支援を要するものの関係者」への援助や「心の健康に関する知識の普及を図るための教育及び情報の提供」を公認心理師の業務として掲げており，コミュニティ心理学的なアプローチに立つ専門家像に重なります。国民の心の健康の維持増進を使命とする公認心理師の誕生により，社会と密接に関わる心理援助は今後さらに重要性を増していくものと思われま

す。

3 コミュニティとは

　コミュニティ心理学について議論を進めていく前に，ここで述べる「**コミュニティ**」が，何を意味しているのかを，まず考えてみることにしましょう。

　コミュニティの古典的なとらえ方においては，ある一定の地理的範囲を共有することが，コミュニティの当然の条件とみなされていました。しかしながら移動や通信手段の発達に伴い，人と人とのつながりは一所にとどまらなくなっており，静的なコミュニティ観で人々の生活をとらえることは難しくなっています。そのため，一定の空間を共有する「地理的コミュニティ」の観点に加えて，目的・価値や信念，関心などを共有する人々のつながりから構成される「関係性に基づくコミュニティ」の視点が，コミュニティの理解には必要となります。さらに近年では，SNSを通じた人のつながりなど，物理的接点がない状態での人と人のつながりも，コミュニティとみなされることがあります。こうしたとらえ方は，地縁・血縁・一定の地理的空間の共有を前提とする，伝統的なコミュニティのイメージからはかけ離れたものでしょう。しかしながら，コミュニティが何であるか，それが人々にとっていかに重要か，という機能面に注目すると，地理的空間の共有がコミュニティの必要条件ではないことに納得がいくでしょう。このことは，「**コミュニティ感覚**」という考え方を用いると，さらに理解が容易です。

　マクミランとチャビス（McMillan&Chavis,1986）は，コミュニティ感覚を，次の4つの要素から構成されるものとして説明しています。それによると，まず1つ目の要素は「メンバーシップ」です。メンバーシップは，所属しているという感覚，あるいは個人的つながりを共有しているという感覚を指します。2つ目は「影響力」です。これは，個人が集団に対して，あるいは集団がそのメンバーに対して，何か意味のある違いをもたらすような力を有しているという感覚です。3つ目は，「ニーズの統合と充足」であり，集団を構成するメンバーになることによって，必要な資源を得ることができ，ニーズが満たされ得るという感覚です。4つ目は，メンバーが共通する信念や歴史，場，時間，経験等を有することを通じて生じる「情緒的つながりの共有」です。

　人とのつながりが「コミュニティ」といえるかどうかは，そこに集う人々が，そのつながりに対して「所属している」という感覚を有し，またそのつながりに関与し，維持・発展させたいと感じているかどうか，つまりは「コミュニティ感覚」を，その集団に対して有しているかどうかが鍵といえるでしょう。「日本」という国がコミュニティとして認識される場合もあれば，より小さな地域や学校が単位となることもあるでしょうし，同じ野球チームを応援する人の集まりをコミュニティとしてとらえることも可能です。また介護や不登校，闘病中な

ど，困難な状況を共有しているものの，直接会って結びつきを強めることが難しい人にとっては，インターネット上のつながりも大切なコミュニティとなり得るでしょう。

　コミュニティやコミュニティ感覚を有することの重要性を，私たちは日常的に意識するわけではありませんが，近年の度重なる自然災害においては，地理的コミュニティの崩壊のみならず，そこで築き上げられてきた関係性の分断も，人々の心に甚大な影響を及ぼす状況を目の当たりにしてきました。つながりを感じる場を喪失したときに，コミュニティはその存在感を増すといえるかもしれません。

　以下では，転居に伴い生活環境の大きな変化を体験した春さん一家の事例（架空）を取り上げ，コミュニティ心理学の発想を用いた援助（以下では，コミュニティアプローチと称します）の視点から，問題の理解と援助的介入のあり方について検討を進めていきます。

2 地域に暮らす人の困難を理解する

1 生態学的視点に基づく問題状況理解

> **事例 1**　春さん一家の生活の場の変化
>
> 　春さんと夫，長男の匠くん（5歳）の一家は，1年ほど前に，大都市C市に引っ越してきました。春さんはC市からは新幹線と在来線を乗り継ぎ半日ほどかかる，地方の小都市A市で生まれ育ち，短大卒業後地元の企業で数年働いた後に，高校時代の同級生と結婚，匠くん誕生後は，子育て中心の生活を送っていました。実家近くのアパートに住み，近隣には小学校時代からの友人や親戚も多く，また夫の勤務先も車で15分程度と近いため，職場の上司・同僚とも家族ぐるみの付き合いをしていました。地域のお祭りなどに積極的に関わり，匠くんが生まれてからは，幼稚園の行事や地域の子ども向け行事のまとめ役として，同世代のリーダー的存在でした。そんな春さん一家にとって，晴天の霹靂（へきれき）だったのが，夫が勤務先のリストラの対象となったことでした。新たに職を得たC市に転居後，通勤に時間がかかるようになった夫は，毎晩夜中に帰宅，早朝に出て行く状況で，家族の生活は一変しました。また経済的な事情もあって春さんも仕事を始めましたが，自宅近くの保育園には空きがなく，匠くんはアパートからは数駅離れた場所の保育園に通うことになりました。そのため週末

> 子どもを連れて近くの公園に行っても，見知った顔はなく，徐々に足が遠
> のいていきました。

　転居後，新しい生活への適応に苦慮している春さんの事例を，みなさんはど
のように見立て，介入方針をたてますか？　たとえば，春さん個人のパーソナ
リティ特性やコミュニケーションスキルなどの個人的要因，家庭の状態への注
目は，おそらくいかなる理論的立場に立つ専門家であっても行うことでしょう。

　これに加えて，コミュニティアプローチは，より大きな環境側の要因にも
目を向けます。また心理的側面のみならず，生活のさまざまな側面から包括
的に状況を理解する視点も重視します。これには，個人をその人がおかれ
た文脈から切り離さずに理解する，**生態学的視点**（ecological perspective）
を重視したコミュニティアプローチの人間理解が関係しています。この視
点を説明するものとして，米国の発達心理学者，ブロンフェンブレンナー
（Bronfenbrenner,1979）が示した，子どもの発達の場を説明する入れ子状の
生態学的モデルは大変有名です。このモデルでは，個人が発達する場は，複数
のシステムから構成されており，各次元のシステム間の相互作用が発達の場の
特徴を規定するものと説明しています。

　さらに生態学的モデルは，子どもに限らず，人と環境がどのように影響を及
ぼし合いながら生きているのかを理解することも可能とします。たとえば子育
て中の母親の生きる場は，表12-1に示すようなシステムにより構成されてい
ます。母親を円の中心に据えたとき，母親を取り巻く最も内側のシステム（①
ミクロシステム）には，家庭や保育園の保護者会，子育てサークルなどが該当
します。これらは個人が接点をもち，そこで生じる出来事から影響を受けたり，
影響を与えたりすることが可能なサイズのシステムです。対して，一番外側の
円は社会全体の「景気動向」や「家族観」「性役割」といった文化的価値観な
どから構成される「④マクロシステム」であり，個人が日常の生活のなかでは
その影響を意識していなかったり，また意識していてもそれを変化させていく
ことが容易ではない次元といえます。さらにミクロシステムとマクロシステム
の間には，②メゾシステムや③エクソシステムといった，システム相互が複雑
に関わり合う次元が想定されており，これらが個人とマクロシステムの間をつ
ないでいます。

　職場における休暇の取りやすさと，幼稚園の保護者会の運営方針という，子
どもの母親が属する2つのマクロシステム間の相互作用は，家庭のなかでの
夫婦の育児分担に影響を及ぼすでしょう（②メゾシステム）。また労働観や家族
観は，子育てに関する自治体の施策や父親の育児休暇取得を推奨／抑制するよ
うな就業規則を介して，個々人の日常生活の選択肢を増やしたり，狭めたりす
ることが考えられます（③エクソシステム）。

表12-1　生態学的視点からみた子育て中の母親を取り巻く諸システムの特徴

システムの次元	特　徴	例
①ミクロシステム	個人が参加し，直接体験する次元であり，その体験様式によって，個人の行動が方向づけられる	家庭，保育園の父母会，学校のクラス，職場の部署，子育てサークル，町内会の役員会，PTAなど，個人が接点をもち，相互に影響を及ぼし合う環境
②メゾシステム	2つ以上のミクロレベルのシステム同士の関わりから構成される次元	育児を理由とした休暇の取りやすさ（職場）と，幼稚園の保護者会の運営方針（父母会）といったミクロシステム間の相互関係
③エクソシステム	個人は直接参加しない次元であるが，個人のミクロ次元の体験と間接的に相互に影響し合う	子育て支援に関する自治体の方針や方針を決定する組織，マスメディアの子育て支援に関する報道のあり方など
④マクロシステム	特定の社会のなかで，下位システムを機能させる，一貫性のある信念体系・イデオロギー，社会的状況	労働観，少子・高齢化，家族観・性役割，母親の就業率，景気動向など，1つのコミュニティのなかで機能している子育ての仕組みや制度，家族の関係・人間行動等に一貫性をもたせるもの

出所：Bronfenbrenner, 1979をもとに作成

　このように，システム間の複雑な相互作用や間接的影響を含めた分析が，生態学的視点から個人を理解していくためには必要となります。ただし，具体的な分析作業においては，個人が直接関わりをもつことができる集団，その集団が所属する組織，さらにその組織が存在する場に注目すると，わかりやすいでしょう。たとえばダルトンら（Dalton et al., 2001/2007）は，システムの中心に「個人」の次元を加え，その個人を取り囲むミクロシステム，ミクロシステムの集合体である「組織（organizations）」，ミクロシステムや組織が存在する場である「地域（localities）」，地理的コミュニティを越えて存在する「マクロシステム」という多元的なレベルの分析単位を想定しています。この多元的な分析の次元を用いて転居前の春さんの生活を図式化すると，図12-2のように示すことができます。以下では，この図を参照しながら，春さんの転居前後の生活の変化について理解を深めていきます。

2　マクロシステムの特徴を踏まえた問題状況の査定

　春さんの転居前のミクロシステムは，豊かな子育て資源に恵まれたものであったことや，さまざまな社会的関係が，A市という物理的空間内で互いに重なりあいながら存在していたことがわかります。C市への物理的移動に伴い，春さんのミクロシステム，さらにミクロシステムを規定するより外側のシステムは変容しており，春さんと地域コミュニティとの関わり方にも大きな変化が生じています。

　鵜飼（2007）は，学校等を例にあげ，コミュニティの成員やそのシステムを対象とした援助を行う際には，コミュニティについてのしっかりした査定が

図12-2 生態学的視点に基づく子育て環境の説明

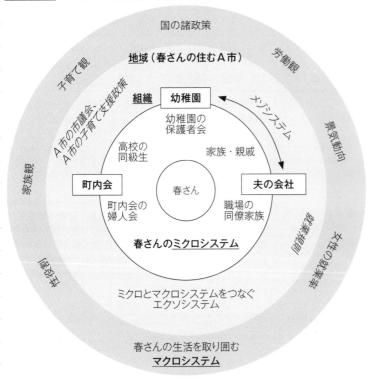

出所：Bronfenbrenner, 1979；Dalton et al., 2001 をもとに作成

必要であり，「コミュニティという現実場面での，生活者としての個人の不適応状態や病理を査定するためには，病院や相談機関で関わるクライアントを査定するのとは異なる配慮が必要である」と述べています。つまり個人を取り囲む外側の層のシステムまでを含む，コミュニティのもつ特性を理解し，それを踏まえて援助的介入を行っていくことが，コミュニティのなかで人々を支えていく際には重要といえます。

同じ日本という国のなかであっても地域差があり，特に地方と大都市では，人々の生活形態や価値観は異なる部分が少なくありません。たとえばA市が，人の転出入がそれほど活発では

なく，祖父母・親戚が近接した地域に住み，職住も接近しているという特徴をもった地域であったとしましょう。こうした生活様式においては，伝統的な家族観や子育て観も比較的維持されやすく，子どもが小さいうちは，母親が長時間外で働くことがそれほど一般的な生活スタイルではないかもしれません。

また幼稚園の保護者会活動や地域の自治会活動，学校や職場の人間関係など，さまざまな結びつきが，地理的コミュニティのなかに網の目のように重なりあいながら広がっていることでしょう。そのため人との結びつきや，コミュニティへの参加は，特に意図的に取り組まずとも達成しやすいでしょう。こうした地域特性をもつA市では，核家族での子育て支援や孤立育児の防止は，自治体の育児支援施策の中心的な課題ではないかもしれません。また子育てに関する情報はコミュニティ内で共有されており入手が容易であったり，家庭内の悩み事を専門家に相談することが選択肢とは考えられていなかったりすることも多いでしょう。

他方C市は，共働き・一人親世帯等が多い地域であり，保育園激戦区です。おそらく行政の施策のなかで子育て支援は重要課題と位置づけられており，保育園の拡充，病児保育や一時預かりのような，核家族やひとり親家庭を想定した子育て支援策が重視されていることでしょう。また，地域コミュニティとよ

プラスα

子育て支援

「新エンゼルプラン」「子ども・子育て応援プラン」など，子育て支援に関する施策においては，地域のニーズに合った計画の立案が期待されている。また，保育園や幼稚園，認定こども園は，子育て家庭への相談や助言を行う，重要な地域資源として位置づけられている。

べるものがわかりやすい形では存在しておらず，子育て世代といっても生活状況が多様で，同世代の知り合いをつくるためには，「子育てサークル」「子どものスポーツクラブ」のように，関心を共有するグループを探し，参加することが必要となるでしょう。

　A市，C市は一例に過ぎず，過疎化が進み子育て世代が少ない地域や，人口密度が低く，徒歩圏内で通園・通学可能な幼稚園や小学校がない地域も少なくありません。こうした地域には，またその地域に特有の子育ての課題が存在するはずです。

　子育ての問題一つとっても，地域により異なる環境と課題が存在すること，そしてそのことが，個々の存在するミクロシステムに影響を及ぼすこと，結果的に個人が必要とする援助は多様なものとなり得ることは，想像に難くないでしょう。

3 ｜ 地域で暮らす人をいかに支えるか

1 コミュニティアプローチによる心理的援助の特徴

> **事例2** 生活の場の変化がもたらすもの
>
> 　春さんは，保育園と職場の往復のみの毎日となり，外出が減り次第に気持ちが塞ぎ込むようになっていきました。同時に，匠くんは保育園で落ち着かない様子がみられるようになり，時折保育士から園でのトラブルについて報告を受けるようになりました。しかしながら，春さんはこうした状態について夫に相談することはなく，夫も匠くんが寝たころに帰宅する毎日で，状況にあまり気づいていない状態でした。
>
> 　最初は，親や地元の友だちに連絡して愚痴をこぼしていた春さんでしたが，都会での生活状況を理解されていない感じがしたことや，地元の友だちがSNSを通じてやりとりする時間帯が主に日中で，春さんの仕事時間と重なっていることなどから，連絡の回数が減っていきました。また，働きながらの子育ては，春さんのなかで自分の理想とする母親像との乖離を生んでおり，そうした状況を人に知られたくないという思いを抱えていました。
>
> 　一方，保育園の先生は，匠くんの園での様子，送迎時に目にする春さんの匠くんへの接し方や元気のない様子などから，子育てに余裕のない様子を感じ取っていました。そのためそれとなく声をかけ，また定期的に園を

> 訪問するカウンセラーへの相談を勧めたりしました。しかしながら，春さんはいつも「大丈夫です」と答えるだけでした。

　春さんは，次第に元気がなくなっていき，周囲の人々は彼女を支える方法を模索していますが，うまくいかないようです。春さんがカウンセラーへの相談に抵抗を示したように，専門家からの直接的な援助のみでは，効果的に対応ができないことは実践の場においても少なくありません。

　一方コミュニティアプローチにおいては，問題状況の理解において人と環境の相互作用を重視する視点を強調します。この視点は，生じている問題状況を，個人の能力不足のみに帰属させたり，適応の失敗と捉えたりするのではなく，個人の特徴と環境側の特徴の不一致ととらえるものです。たとえば，事例にもみられるように，春さんの場合「理想の母親像」との乖離が，子育てにおける心理的負担を高めていたことが推測されますが，サポートネットワークが築けていない状態など，本人の生活環境の変化もストレス状況に大きく影響しています。つまり，なじんでいた生活の仕方と都会の生活環境の相違によって生じた，**人と環境の適合性**（person-environment fit）の崩れとして，春さんの問題状況をとらえます。そのうえで，「春さんの母親像」の変容といった，個人の内面の変容のみを援助の目標とするのではなく，春さんがより有効に環境側と関わっていくことができるように，環境側にも変容を働きかけ，個人と環境の適合性を高めていくことが援助の際の目標となるでしょう。

　以下では春さんの事例を用いながら，援助を必要とする人を支えていくために用いることができる，面接室での援助以外の方法を検討していきましょう。

２ コミュニティに出向く

　専門家が，子育てに関して学ぶ講習会や相談会を実施するような取り組みは，ニーズを有する人と援助資源をつないでいく有効な手段となります。これらは，前述の公認心理師法で定められる業務のうち，「心の健康に関する知識の普及」を図ることを目的とした活動にも該当します。

　なかでも支援を必要とする人がいる場に出向いていくアウトリーチは，「相談したいけれどもどこに行けばよいかわからない」と思っている人たちや，相談に行くことをためらっている人たちにとって，専門的援助を身近なものとするものであり重要です。また，支援を必要とする人々とすでにつながりを有している，保育士や教員，地域の子育てボランティア等の関係者を支えるための講習会・相談会も実施可能でしょう。現段階では支援を必要としていない人が，子育てや心理的問題に関して学ぶ機会があることは，問題の発生を防ぐことにもつながります。専門家への相談がどのようなときに有効かを知ることで，将来問題を抱えた際の早期の相談を可能とする場合もあります。さらにこうした

知識をもつことは，コミュニティのなかで支援を必要としている隣人の存在に気づき，援助の手を差し伸べることを可能にするため，コミュニティ全体の支援力を高めることにつながっていきます。

　このように，専門家がコミュニティに出向いていく援助のあり方は，**予防**という視点からもきわめて重要です。予防の重視は，もともと公衆衛生や予防精神医学の分野に特徴的ですが，コミュニティ心理学の考え方にも強く影響を及ぼしています。予防は，問題が生じないように働きかける第一次予防，問題の早期発見・早期介入を目指す第二次予防，問題の悪化や再発を防ぐための第三次予防の3つの観点から整理されますが，コミュニティアプローチにおいては，まずは第一次予防が目指されます（金沢，2004）。

３　コミュニティの資源をつなぎ，協力して支える

　生活の場での支援においては，地域のなかに存在するさまざまな援助資源と連携していくことが重要となります。公認心理師法第42条は，業務遂行における関係諸領域の専門家との連携を公認心理師の義務として位置づけています。

　心理援助の専門家が連携する相手は，福祉や医療，教育，司法分野の専門職の場合もあれば，子育てサークルを運営するボランティア市民など，非専門家の場合もあります。なかでも日常生活において，援助を必要とする人と接点をもつ人たちは，潜在的な援助ニーズに気づくことが可能な立場にあり，心理的問題の予防を担う重要な存在です。また専門家にとっても重要な連携相手といえます。そのため，コミュニティアプローチにおいては，コミュニティ内に存在する援助資源となり得る人を発掘し，結びつけ，個人を支えるサポートネットワークを形成していきます。また，保育士，教師や看護師，社会福祉士など別の専門性をもつ関係者と協力して，人々を支える新たなサービスを生み出したり，心理学的な視点から関係者に助言を行い，関係者を支えることで，間接的にクライアントに関わったりします。前者は**コラボレーション（協働）**，後者は**コンサルテーション**とよばれることがあります。

　子育て支援を例にみてみましょう。保育士に対するコンサルテーションは，図12-3に示すような流れで進められます。ここでは保育士は「コンサルティ」，公認心理師等の専門家は「コンサルタント」であり，保育の専門家であるコンサルティは，心理援助の専門家であるコンサルタントから，援助を必要とする春さんの心理的状態を理解するための糸口や，関わり方についての助言を受けます。保育士は助言を活かし，春さんや匠くんに対する関わりを，より援助的なものへと変えていくことで春さん一家を支えます。このように，心理援助の専門家が，クライアントに直接関わるのではなく，身近にいる関係者を支援することを通じて援助が行われるのが，コンサルテーションの特徴です。これによって保育士の春さんへの支援はどのように変化するかみてみましょう。

プラスα

コラボレーション，コンサルテーション

コラボレーション（協働）は，さまざまな専門家や非専門家が，共通の目標の実現に向けて協力して取り組むプロセスを指す。一方コンサルテーションは，異なる専門性をもつ専門家の間で行われ，コンサルタントである専門家が，別の専門性をもつコンサルティに対して，相談・助言を行うことを通じて，コンサルティがクライアントに対して有効な援助ができるように支援すること。

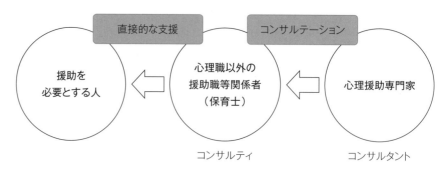

図12-3　コンサルテーションの流れ

事例 3 　力を取り戻すプロセスを支える

　保育士はカウンセラーとのコンサルテーションを通じて，春さんにとって，専門家への相談を勧められることは「母親失格」の烙印を押されるような体験となる可能性があること，春さん一家が地域の情報を十分に有しておらず，地域とのつながりを深めるためのきっかけが必要であること，父親の育児参加を促すことも重要であることなど，働きかけのポイントが整理できました。また，C地域特有の子育て環境について気づきを深め，春さんへの働きかけを行うようにしました。さらに，春さんを含む保護者全員に対して，子ども連れで参加できるイベント案内を定期的に行うようにし，折に触れ参加を呼びかけました。

　保育園から案内を受け取った春さん一家は，そのうちいくつかのイベントに参加し，地域の特性や地域で利用できる子育て資源などについても情報を得ることができました。また，そうした集まりの場で行われていた育児相談会で，異なる育児環境への戸惑いなどを相談することができました。

　春さんはその後，イベントで連絡先を交換した家族と休みの日に一緒に出かけるなどして，次第に育児の悩みを相談するような関係を深めていきました。また，子育てや都会での生活に対する自信を取り戻していくなかで，自分と同じように地方から転入してきて戸惑う家族の役に立ちたいと感じるようになりました。現在春さんは，転居者が必要とする地域の子育て関連情報をまとめたウェブサイトの開設準備中です。

4 　**人が力を取り戻していくコミュニティの実現**

　コミュニティのもつ支援力の向上には，当事者が自らの問題の解決に主体的に取り組んでいくプロセスが生まれることも含まれます。なかでも，当事者による**セルフヘルプグループ**[*]の活動は，専門家による援助とは異なる援助機能を

語句説明

セルフヘルプグ ループ

セルフヘルプグループとは，共通する問題を抱える個人が，自分自身の抱える問題の解決や，あるいはその問題を受容していくために，自発的かつ意図的に組織化したグループである。専門家が関与する場合は，グループの発展を支える役割を果たす。

有することが知られています。セルフヘルプグループを立ち上げたり，参加したりする目的は一様ではありませんが，春さんのように，自分自身の体験がきっかけとなって活動を開始する人も少なくありません。活動は，サポートグループの参加者間の情報共有機能や，地域で情報を必要とする人に対する情報提供機能を有します。またこうした道具的な支援にとどまらず，コミュニティ感覚が育まれることを通じ，当事者相互のサポート機能も高まります。さらに当事者の視点から，必要な対策を社会に訴えていく，**アドボカシー**[*]（権利擁護）機能を担う場合もあります。

　このように，個人がセルフヘルプグループの活動に関与し，問題解決に取り組んでいく一連のプロセスは，人が本来もっている力を取り戻し，自分自身の問題の解決に取り組んでいく，「**エンパワメント**[*]（empowerment）」につながるものといえるでしょう。こうした活動に対して，専門家は，非専門家である当事者の活動を後方から支援し，またそうした活動について情報提供を行うなどして，グループの発展を支える役割を果たします。

4 ｜ 社会の変化に向けた働きかけ

　カウンセリングや，関係者へのコンサルテーションを行うことを通じ，地域や集団に特有の課題が浮かび上がってくることは珍しくありません。多くの人が共通の問題を抱えていることが予想されるのにもかかわらず，既存の施策・制度や，サービスがそのニーズに対応していない場合も少なくありません。また，特定のコミュニティに特有の課題が生じていることもあります。コミュニティアプローチは，それぞれのコミュニティにおいてどのようなニーズが生じているのかを明らかにすることを援助において重視します。

　たとえば本章で示した事例の対象となったエリアは，一部再開発が進み家族向けの手頃な値段の賃貸物件が増えたことによって，県外から子育て世帯が多く転入していること，それによって古くから住む世帯と他県からの転居者という，異なる特性をもつ世帯から成り立っている地域であるとしましょう。こうした地域特性が，子育て環境にどのような影響を及ぼしているのか，また地域に暮らす子育て世帯にはどのような独自の支援ニーズがあるのかを把握していくことが課題となりえるでしょう。

　個人個人は，個別に困難に遭遇し，直面する問題の背景や文脈，つまりはマクロ要因の影響に気づきをもったり，あるいは気づきを有していても，変容に向けた働きかけに注力することが難しい場合が少なくありません。そのため，個人が自治体等に対応を要求していくことが難しい状況においては，専門家が

語句説明

アドボカシー
アドボカシーとは，個人や集団の有するニーズを，援助者が代弁し，社会に対して対応を働きかけていくことであり，権利擁護と訳される。

エンパワメント
エンパワメントは，個人・組織・コミュニティの3つの層と各層の相互作用から構成されるが，なかでも心理援助においては，人が自らの有する力に気づき，その力を使って，環境の変化を求めていく，個人のなかで生じるプロセスに焦点がおかれることが多い。

ニーズを集約し，改善の必要性を代弁する，アドボカシーを行うことも選択肢となります。

　日本では心理援助専門家が，クライアントの権利の代弁や社会の側の変化に向けた働きかけを行っていくことは，これまであまり一般的ではありませんでした。しかしながら，地域社会が担ってきた支援機能の弱体化やニーズの多様化という状況のなかで，新たな支え合いの仕組みづくりを先導していくことが専門家には求められているといえるでしょう。

　また社会的少数派の人々の抱える問題は潜在化しやすく，個人に対する治療や援助というアプローチが十分機能しないことも少なくありません。たとえば，障害を有する人や，性的少数者・外国籍者などは，従来の社会制度が想定していない，さまざまなニーズを有している場合があります。問題が生じている社会的文脈を明らかにし，マクロ環境の変容を目指した取り組みを行っていくことが特に必要とされる人々であり，コミュニティアプローチに立つ専門家の関与が求められています。

考えてみよう

高校生から大学生になったときのことを思い出してみてください。大学を卒業して社会人になったときのことでもかまいません。どのような対人ネットワークの変化が起きましたか？　またそのことは，みなさんの心の状態にどのように影響を及ぼしたでしょうか。

本章のキーワードのまとめ

コミュニティ心理学	問題状況を，当該個人を取り巻く環境的諸要因との関係のなかでとらえ，個人と環境の両方に働きかけることで，人間と環境との間の適合性を向上させることを目指す心理学の研究と実践の領域。
コミュニティ	場を共有する地理的コミュニティと，価値や信念，関心などを共有する人々から構成される関係性コミュニティとに分けられ，後者は物理的な場の共有を必須要件としない。
コミュニティ感覚	人々の集まりに対し，個人が抱く所属しているという感覚。そうした感覚は，「メンバーシップ」「影響力」「ニーズの統合と充足」「情緒的なつながりの共有」の 4 つの構成要素を有する。
生態学的視点	人間のすべての行動が，その人を取り巻く状況，その人がおかれている文脈（context）との相互の関わりのなかで生じるものであるとする見方。
人と環境の適合性	人間の行動のすべてを文脈に位置づけて理解する視点に立ち，問題状況を，人のニーズと環境の特性の適合度によるものととらえ，不都合が生じている場合には両者に働きかけ，適合性の向上を図ること。
予防	問題の発生を予防する狭義の予防を第一次予防，早期発見・早期介入を目指す第二次的予防，問題の悪化や再発の防止，社会復帰等を目指す第三次的予防に分けられる。コミュニティアプローチでは，まず第一次予防が目標となる。
コラボレーション（協働）	さまざまな専門家・非専門家が，共通の目標に向けて，社会資源を共有し協力して取り組み，必要な場合には，社会資源やシステムを新たに開発しながら問題解決に取り組むこと。
コンサルテーション	コンサルタントである専門家が，別の専門性をもつコンサルティに対して，相談・助言を行うことを通じて，コンサルティがクライアントに対して有効な援助ができるように支援すること。
セルフヘルプグループ	共通する問題を抱える個人が，自分自身の抱える問題の解決や，あるいはその問題を受容していくために，自発的かつ意図的に組織化したグループ。専門家が関与する場合には，グループの発展を支える役割を担う。
アドボカシー（権利擁護）	個人や集団の有するニーズを，援助者が代弁し，社会に対して対応を働きかけていくこと。個人や集団のエンパワメントのプロセスにおいて，専門家が果たす役割の一つとされる。
エンパワメント	エンパワメントは，個人・組織・コミュニティの 3 つの層と各層の相互作用から構成されるが，なかでも心理援助においては，人が自らの有する力に気づき，その力を使って，環境の変化を求めていく，個人のなかで生じるプロセスに焦点がおかれることが多い。

第13章

心を構成する社会の物語を理解する
（社会構成主義：ナラティブ・アプローチ）

この章ではまず，心に関する現象が社会的に構成されている側面があるという考え方（**社会構成主義**）を扱います。具体的には，臨床心理学が対象とする心理的問題が社会問題としてつくり上げられている面があることを示しながら解説します。次に本章では，社会的に構成される面があり，人々を理解するうえでも，そして，心理援助を展開するうえでも有益となる物語（ナラティブ）についても解説します。

プラスα

社会構成主義
現実は社会的に構成されている，つまり，人々の営みによってつくり上げられている（Berger&Luchsman, 1966/2003）という考え方である。どのような側面が社会的に構成されているかを検討することは，複眼的に現象を理解するうえで重要となる。

いじめ
「いじめ」の定義は，時代とともに変わっており，2013年にできた「いじめ防止対策推進法」によると，「児童生徒に対して，当該児童生徒が在籍する学校に在籍している等当該児童生徒と一定の人的関係にある他の児童生徒が行う心理的又は物理的な影響を与える行為（インターネットを通じて行われるものを含む）であって，当該行為の対象となった児童生徒が心身の苦痛を感じているもの」と定義されている（文部科学省，n.d.）。

1 社会問題化する心理的問題

1 心理的問題のあらわれ方

テレビをみていると，さまざまな心理的問題が**社会問題**として取り上げられています。たとえば，学校におけるいじめの問題を目にします。ほかにも，うつ，自殺，発達障害など，数多くの心理的問題が社会問題として取り上げられています。本書を読んでいるみなさんも，このような現象に興味があって，臨床心理学について学ぼうと思ったのかもしれません。

心理的問題が社会問題として扱われると，それがドラマやドキュメンタリー作品となって情報発信されることもあるでしょう。学校におけるいじめは，学校を舞台としたドラマでよく扱われるテーマのようです。また，いじめを経験した人が，テレビ番組で自身の体験を語る姿も見受けられます。そして，これらが，説得力のあるストーリーで示されると，「いじめに対して何かをしなくては」と，心を動かされた人もいるのではないでしょうか？

このように，何かしらのストーリーをとおして心理的問題が社会問題として情報発信される一方で，その現象にまつわる数値が提示されることもよくあります。いじめに関しては，発生件数などの値がマスメディアで示されることもあるでしょう。そして，そのような社会問題に関する値が大きい場合，その問題はないがしろにできないものとして映るのではないでしょうか？

社会問題に関する数値は，現象の深刻さなどを伝えるうえで重要な役割を担っていますが，その一方で，丁寧にその数値をみてみると，疑問を抱くことがあります。先のいじめの発生件数に関しては，2018年度の「児童生徒の問

題行動・不登校等生徒指導上の諸課題に関する調査」（文部科学省初等中等教育局児童生徒課, 2019）の結果によると，1,000人あたりのいじめ認知件数（小学校・中学校・高等学校・特別支援学校を合わせた値）が，最大の宮崎県では101.3件だったのに，最小の佐賀県では9.7件だったと報告されており，値に大きな差がみられます。最近まで高校生だったみなさんは，どちらの値が，自分の実感に近いでしょうか？

2　心理的問題と統計

　数値は客観的な事実として利用されることが多いですが，数値を取り巻く現実は必ずしも客観的ではなく，社会的につくり上げられている面があります。それを次の架空事例からみていきましょう。

事例1　統計に対して抱いた疑問

　大学生の理穂さんは，大学の臨床心理学の授業でレポート提出を課せられました。レポートは，授業で扱われた内容で関心があるものを選び，それについて調べてくるというものでした。もともと子どもに携わる仕事に就きたいと思っていた理穂さんは，授業をとおして児童虐待がはらむ問題の複雑さを知り，児童虐待をテーマにしようと思いました。

　いざ調べものをしようとインターネットで「児童虐待」と検索すると，児童虐待の状況をまとめた厚生労働省のサイトにたどり着きました。児童虐待の状況を示す下記の図13-1をみて，理穂さんは驚きました。というのは，1990年度から1994年度の最初の5年間は1,000から2,000未満

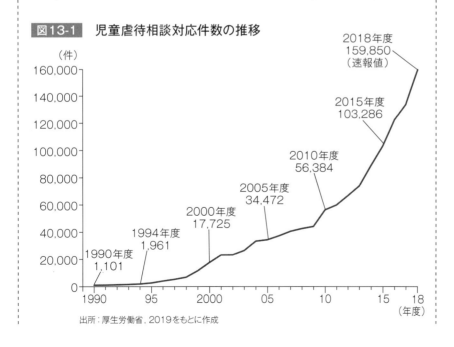

図13-1　児童虐待相談対応件数の推移

出所：厚生労働省, 2019をもとに作成

プラスα

児童虐待
厚生労働省(n.d.)の「児童虐待の定義と現状」によると，児童虐待は，①身体的虐待（殴る・蹴るなど），②性的虐待（子どもへの性的行為など），③ネグレクト（家に閉じ込めるなど），④心理的虐待（言葉による脅しなど）の4種類に分類されている。

の値だったにもかかわらず，それから急増して2018年度は159,850件という値を示しており，1990年度からの約30年間でおおよそ145倍にも増えていたからです。

　　この推移をみて，理穂さんは，はじめのうちは，「この数十年でこんなにも児童虐待が増えて，大変な世の中になったんだな」と思いました。ただ，よくよくみると，そもそも値が示しているのは「児童虐待件数」ではなく，「児童虐待相談対応件数」となっており，「『相談対応』って，いったい何を指しているのだろう？」と思いました。

　　また，折れ線グラフをみると，割と横ばいの年度もある一方で，急に増える時期もあることに気づきました。理穂さんは，「たしかに社会の状況が変われば児童虐待の件数も変わることもあるだろうけれども，きっと昔から児童虐待は一定数あったと思うのに，どうしてこんなに数値が変わるのだろう？」とも思いました。

　　これらの理穂さんの疑問を検討するうえでは，「児童虐待相談対応件数」という統計を取り巻く現実の背景に，どのようなことが起こっているのかを考えることが重要となるでしょう。児童虐待相談対応件数の推移を理解する際，田中（2011）は，次の3つの注意点を指摘しています。

　　1点目は，「児童虐待相談対応件数」という値が，児童虐待の数そのものを必ずしも示しているわけではないということです。児童虐待の状況を示す際によく用いられている「児童虐待相談対応件数」の値は，「児童虐待件数」ではなく，あくまで児童虐待が疑われるケースに対して行った相談対応の件数です。したがって，水面下で行われている虐待を含め，実際に起こっている「児童虐待」の数は把握できていないのが現状です。そのような状況において，実際に起こっている児童虐待への相談対応だけをカウントするのではなく，児童虐待が疑われるケースの相談対応もカウントするといったように，「児童虐待相談対応件数」は「児童虐待件数」よりも幅の広い定義となっています。そのため，「児童虐待相談対応件数」をもとにした情報は，実際の「児童虐待件数」よりも多く示されている可能性を含んでいること，また，それにもかかわらず両者が混同されて「児童虐待は増加している」と主張される傾向があることに注意を払うことが求められるでしょう。

　　2点目は，「児童虐待」という言葉が社会で広まるにつれて，児童虐待（あるいは，それが疑われる事態）が目に留まりやすくなり，そのため，「児童虐待相談対応件数」のもととなる通告や相談も増えたと考えられることです。たとえば，「児童虐待」という言葉と，児童虐待が疑われる行動の例などが周知されるようになると，それらのフィルターをとおして日々の生活を過ごすことになるでしょう。たとえば，「自分がしていることは，児童虐待なのでは？」な

どと，親が自身の子育てのあり方を振り返りやすくなり，そのため児童相談所に相談に乗ってもらい，相談対応件数が伸びたというケースも少なくないでしょう。このように，「児童虐待」という言葉が社会に浸透するのにともない，「児童虐待相談対応件数」も増えた可能性があることに注意することが重要となるでしょう。

　3点目は，「児童虐待相談対応件数」には，通報により実態を調べたところ，児童虐待はなく「誤報」であったというケースの値も含まれていることです。公認心理師を含め，子どもに関わる専門家は，児童虐待が疑われる場合に，通告する義務があります。また，専門家以外の人々も，児童虐待が疑われる場合には通告するよう求められています。ポイントは，あくまで「疑われる」時点でも通告すべきとなっている点です。そのため，通告に基づき実際に調べたところ，児童虐待の実態はなかったという「誤報」もあります。しかし，それら「誤報」だったものも，「児童虐待相談対応件数」に一定数含まれていることには注意が必要でしょう。

　この事例のように，客観的とされる統計も，その受けとめ方や扱われ方によって，統計を取り巻く現実が変化し得ます。したがって，この点を知ることは，深く正確な心理的問題の理解につながるといえるでしょう。

3　社会問題化のプロセス

　臨床心理学が対象とする心理的問題は，「社会問題」としてつくり上げられている面があることは少なくありません。先の事例でテーマとなっていた「児童虐待」という心理的問題も，社会的につくり上げられた面があるとも考えられています（上野・野村，2003）。そこでは，「児童虐待」という社会問題は，専門家・マスメディア・民間団体が中心となって情報発信がなされ，また，児童虐待の「増加」は児童虐待の定義の変化と児童虐待への関心の高まりから起こっているなどと，社会的に構成されている部分があらわにされています。

　社会問題となっていくプロセスを理解するうえで有益となるのが，図13-2の**社会問題化**の自然史モデル（赤川，2012；Best，2017）です。このモデルは，ある現象が社会問題化していくプロセスを示す形で，さまざまな社会問題に通底する枠組みを提供しています。

　このモデルではまず，ある状態に対して，「①クレーム申し立て」がなされます。そして，このクレームがテレビ・新聞などのメディアの目にとまり，情報発信に値すると判断されれば「②メディア報道」がなされます。メディアによる報道がなされると，その情報は多くの人々にさらされやすくなり，それが「③大衆の反応」となることもあり得ます。大衆が反応すると，それへの対応が求められることもあり，その結果として「④政策形成」（例として問題対処のための専門家の国家資格化など）につながることもあります。

プラスα

情報技術の発展と社会問題化のプロセス

社会問題化のプロセスにおける情報発信では，近代化の過程で発展した情報技術である，新聞やテレビなどのマスメディアが中心的な役割を担っている。ただ，IT革命以降，従来とは異なる様相を呈している面がある。たとえば，2017年から2018年にかけて活性化したセクシャル・ハラスメントなどに対する「#Me Too」運動では，著名人などの影響力をもつ人物が，インターネット上でSNS（Social Networking Service）をとおした情報発信を行った。そして，それに対して，マスメディアによる報道の前に，「拡散」と呼ばれるような形で大衆が直接的に反応した面があった。このように，情報技術の発展が社会問題化のプロセスに影響を与える面があることに注目すべきだろう。

国家資格化

国家資格化も政策形成の一形態である。また，国家資格を有する専門家による実践活動も社会問題ワークの一部となる。国家資格化がなされている専門職には，医師，教諭，看護師など，数多くのものがあり，そこに，新たに公認心理師が加わった。

図13-2　社会問題化の自然史モデル

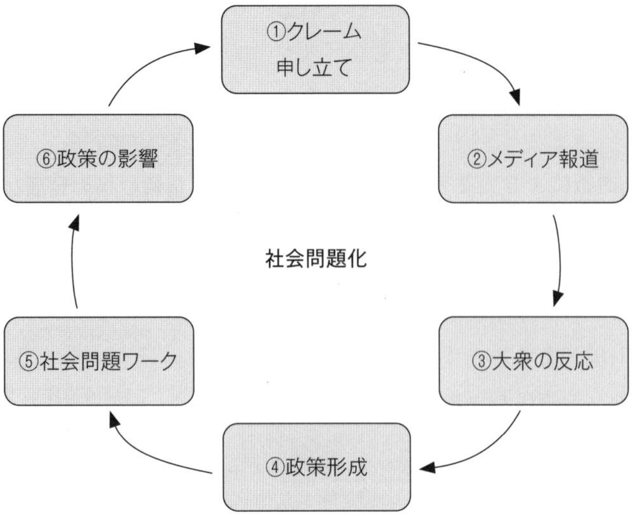

```
        ┌──────────┐
        │ ①クレーム   │
        │   申し立て   │
        └──────────┘
   ┌──────────┐      ┌──────────┐
   │ ⑥政策の影響 │      │ ②メディア報道 │
   └──────────┘      └──────────┘
        社会問題化
   ┌──────────┐      ┌──────────┐
   │ ⑤社会問題ワーク │   │ ③大衆の反応 │
   └──────────┘      └──────────┘
        ┌──────────┐
        │  ④政策形成  │
        └──────────┘
```

出所：赤川, 2012；Best, 2017をもとに作成

そして，政策がつくられると，現場にいる専門家は「⑤社会問題ワーク」として，政策の実施に移ります。そして，意図せざる結果を含めて，政策の実施がどのような効果につながるのか（つながらないのか）という「⑥政策の影響」をみる段階に移ります。そして，クレーム申し立てを行った者が，政策の影響が望ましいものではないと判断したならば，再度，「①クレーム申し立て」が行われる可能性もあるでしょう。

世の中には，心理的問題が数多くあります。しかし，それらが世間で知られている程度には差があります。その差の背景には，ある心理的問題は社会問題化のプロセスが進んでいるけれども，別の心理的問題は社会問題化のプロセスがそれほど進んでいないからだとも考えられます。したがって，メディアをとおして発信される情報が，ありのままの現実であると受け止めるだけではなく，その背景で展開していることにも想像力を働かせることが，臨床心理学を学ぶ者にとって重要だといえるのではないでしょうか。

────── 考えてみよう ··

社会問題化していると考えられる心理的問題を1つ取り上げてみましょう。そして，その心理的問題の深刻さなどをあらわす統計を探してみましょう。さらに，心理的問題が社会問題化するにあたり，その統計がどのように使われ得るかを考えてみましょう。

2 ｜ 物語のもつ力

1 日常生活における物語のあらわれ方

　日本史や世界史を勉強していると，多くの固有名詞や出来事や概念を暗記することが求められます。ただ，それらの語句を眺めているだけでは，なかなか覚えることが難しいという経験をした人は少なくないでしょう。むしろ，歴史上の人物を物語の登場人物とし，歴史的な出来事を物語のセッティングにしているような，大河ドラマをみたり，歴史の学習マンガシリーズを読んだり，歴史小説を読んだりするほうが，いろいろな情報が頭に定着していたという経験をしたことはないでしょうか？

　この例は，**物語***がもつ力のあらわれの一つだともいえるでしょう。物語には，そのままでは扱いにくい雑多で複雑な個々のパーツも，何かしらのストーリー展開に乗せながら意味を与え，処理可能とさせる力があります。先の歴史の勉強の例も，固有名詞や出来事や概念などの個別の要素をもとに，時系列性や登場人物への性格づけによって，全体としての物語を構成することで情報が処理しやすくなり，だからこそ記憶が定着しやすくなったとも考えられます。

　このように，物語によって情報をまとめ上げているからこそ，私たちはその力を自分が体験していることを理解する際にも用います。たとえば，ある一日において，朝起きてから寝るまでの出来事は個別に発生しており，つながりがあるとは限りません。けれども，一日の終わりに日記を書く行為にもあらわれているように，個別の出来事を結びつけて，今日がどのような一日だったかを理解することができます。

語句説明

物語
ナラティブ（narrative）とも表記される。

2 物語とは

　先に述べたように，物語は強い力をもち，さまざまな場面であらわれています。そして，物語という視点を活用することにより，さまざまな現象の理解が深まることから，臨床心理学だけでなく，幅広い学問分野で物語が注目されています。

　物語には，語られる内容としての物語と，語るという行為としての物語があります（能智，2006）。そして，そのような物語は，下記の 4 つの構成要素から成り立っています（森岡，2013）。

　1 つ目の構成要素は，出来事（events）です。物語は，特定の時空間のなかで展開することを前提としています。そのような特定の状況において起こるのが出来事です。この出来事のなかで，以下で説明する他の物語の構成要素（「登

場人物／役者」「心的状態」「生じること」）が展開することから，「出来事」は物語の「箱」あるいは「舞台」といえるかもしれません。

　2つ目の構成要素は，登場人物（characters）あるいは役者（actors）です。それは，物語の主役であることもあるでしょうし，脇役のこともあるでしょう。いずれにせよ，物語には，何かしらの登場人物が求められます。なお，ここでいう登場人物は，必ずしも「個人」である必要はないでしょう。たとえば，「学校のおかげで，今の私は……」や「外国人観光客のおかげで，旅館を経営している私は……」というように，集団や組織も登場人物となり得るでしょう。さらには，「エコな考え方が社会に浸透するにつれ，人々の生活は……」というように，特定の考え方など，形のないものも登場人物となり得るでしょう。

　3つ目の構成要素は，心的状態（mental states）です。物語においては，主観的な側面が重要となります。したがって，登場人物は，機械やマネキンのような状態ではなく，さまざまなことを感じたり考えたりしている状態が想定されています。みなさんも，おもしろい小説や映画などを読んだりみたりしていると，登場人物の心的状態がいきいきと描かれていることに気づくのではないでしょうか？

　4つ目の構成要素は，登場人物が関わって生じること（happenings）です。先に述べた構成要素である「出来事」という状況において，特定の「心的状態」をもつ「登場人物」が関わって，何かが起こります。その何かが起こるからこそ，登場人物の心的状態が変わるなどの変化が生まれるともいえるでしょう。

　以上の構成要素が，物語の筋であるプロット（plot）のなかで意味を与えられながら展開していきます。なお，物語の筋にはいくつかのパターンがあることを知っていることも有益となるでしょう。なぜならば，同じ構成要素でも，用いるプロットによって，たとえば悲劇にも喜劇にもなり得るように，つくり上げられる物語が大きく変わるからです。したがって，心理援助場面において，同じ物語の構成要素を扱いながらも，クライアントを苦しめていた物語のプロットから別のプロットを用いることで，クライアントに力を与えるストーリーを再構成しようとすることも少なくありません。

3　物語のいかし方

　物語の力は，先述のように日々の生活場面でもあらわれていますが，人生という大きな対象に対しても，効力を発揮します。それを考えるうえで，次の架空事例をみていきましょう。

事例2　人生という物語

　陽太くんは，大学受験時に第1志望校に合格するため，大変な努力をしました。第1志望校は偏差値も高く，陽太くんは，そこに入学できれば，

プラスα

プロット

物語のプロットは，① 探究（quest），② 冒険（adventure），③ 追求（pursuit），④救出（rescue），⑤脱出（escape），⑥ 復讐（revenge），⑦謎（the riddle），⑧競争（rivalry），⑨負け犬（underdog），⑩誘惑（temptation），⑪変身（metamorphosis），⑫変化（transformation），⑬成熟（maturation），⑭愛（love），⑮禁断の愛（forbidden love），⑯犠牲（sacrifice），⑰発見（discovery），⑱哀れな過剰（wretched excess），⑲上昇（ascension），⑳下降（descension），という20個に整理できるという議論がある（Tobias, 1993）。

有名な大企業へも就職できて，きっといい人生を過ごせるのだろうと思っていました。また，第 1 志望校は大都市の街中にあり，これまで勉強のために遊ぶことを我慢していた地方出身の陽太くんは，合格したら一人暮らしを始めて，思いっきり遊ぼうとも思っていました。しかし，結果的に努力は報われず，陽太くんは第 2 志望校である地元の大学に入学することになりました。

　陽太くんが入学した第 2 志望校は，偏差値的には第 1 志望校よりワンランク下とみなされていました。そのため陽太くんは，なんだか自分が劣っている人間であるようにも思えてきました。また，第 2 志望校は，地方の郊外にあり，街で遊ぶにはなかなか難しい面があります。そのため陽太くんは，描いていた大学生活を送ることができず，自分の人生がつまらないものになっていっているようにも思えてきました。

　そうやって自分の人生がうまくいっていないように感じながら過ごしていると，本屋でノーベル賞を受賞した山中伸弥先生の『山中伸弥先生に，人生と iPS 細胞について聞いてみた』（山中・緑，2012）という本をみつけました。陽太くんは，山中先生が常にエリート街道を歩んできたというわけではなく，むしろ，紆余曲折があったうえでノーベル賞を受賞したということを，テレビをとおして少しは知っていました。そのため，どのような体験を山中先生がしてきたのかに興味をもち，iPS 細胞についてだけでなく，山中先生の半生についても書かれている，この本を読むことにしました。

　読んでいると，山中先生が，研修医時代に世間的にみて良いとされている病院に行ったことにより，臨床医としての自分の限界を知るようになり，悩んでいたと書かれていました。ただ逆に，臨床医としての限界を知ったからこそ，基礎医学の可能性に興味をもち，その後，ノーベル賞を受賞した研究につながったのだということを知りました。そして，そのような山中先生の好きな言葉が，人生における幸せや不幸は予測できないことをあらわす「人間（じんかん）万事塞翁が馬」という故事であることも知りました。

　山中先生の本を読む一方で，陽太くんは第 1 志望校に行った友人とやりとりする機会がありました。友人に第 1 志望校の様子を尋ねると，第 1 志望校の学生は，マジメな学生もいるけれども，多くの学生は遊びやバイトに一生懸命だということでした。また，授業も，大人数のものが多く，マジメな態度でない学生も多くいて，授業に集中しにくいと感じることが多いとのことでした。また先生も，有名な先生も多いけれども，とても忙しそうで，話を聞きに行くことがためらわれるとのことでした。そのため，大学に進学したら一生懸命勉強しようと思っていた友人は，何をしに大学

に行っているのかよくわからないとも言っていました。

　山中先生の本を読み，友人の話を聞いてから，陽太くんも，第1志望校ではなく第2志望校に進んだことには，何か意味があるのではないかと思うようになりました。そのような思いをもちながら入学先の大学に通っていると，周りの大半の学生はマジメで，陽太くんが所属している学部・専攻に何かしらの目的意識をもってきている様子がうかがえました。また，先生は必ずしも有名ではないけれども，授業内外で積極的に学生の声を聞いている様子が見受けられました。

　これらのことを思うと，陽太くんは，第2志望校に行っていたほうが実はよかったのではと思えるようになってきました。そして，そのように思えてくると，受けている授業もおもしろく感じられるようになってきましたし，勉強や課外活動にもやる気が出てきました。そして，「今は根を張る時期で，一生懸命がんばれば，きっと自分に合ったよい将来につながるだろう」とも思えました。

　この事例は，物語という視点が，人生における困難に対してもいかせることを示しています。物語という視点のいかし方は，表13-1にあるように，3つに整理できます（森岡，2013）。

　1つ目は，個人の体験を資料としていかすというものです。同じ事実に対しても，人によって体験の仕方は異なります。先の事例の大学受験でも，同じ大学が人によっては第1志望校であり，そのような人にとっては，合格すること自体はとてもうれしい体験になるでしょう。その一方で，その大学が第1志望校でない人にとっては，その大学に合格し入学することは「不本意入学」という残念なものになり得るでしょう。このように，事実そのものだけではなく，個人がその事実をどのようにとらえているかが重要となります。このことからも，個人の体験を資料とする点は，物語という視点のいかし方といえるでしょう。

　2つ目は，変化のプロセスを記述するというものです。物語のストーリーは，「起承転結」という言葉にもあらわれているように，出来事の展開に合わせて変化することを前提としています。そして，そのような前提があるからこそ，たとえば時間の経過とともに，どのような変化をたどるのか（たどらないのか）に着眼しやすくなります。たとえば先の事例においても，陽太くんは，受験時は第1志望校を希望し，大学入学後も引き続き第1志望校をよいと思っていました。ただ，山中先生の本に出会ったり，友人の話を聞いたりしたことをきっかけに，第1志望校に対する想いは弱まり，入学した第2志望校に

プラスα

個人の体験を資料としていかす

映画監督の黒澤明の代表作の一つに「羅生門」という映画がある。芥川龍之介の「藪の中」という短編小説をもとにしたこの映画では，ある事件に対して，複数名の登場人物が証人として，それぞれの体験をもとに事件について語っている。しかし，それらの語りには食い違いがみられ，結局事件の真相はわからないままであった。このように個人の体験を尊重すると同じ現象についてでも食い違う面も出てくるが，そのような食い違いさえも積極的に組み込みながら多角的に現象をとらえようとする「羅生門」式手法（Lewis, 1957/1970）という方法もある。

表13-1	物語という視点のいかし方

> ・個人の体験を資料としていかす
> ・変化のプロセスを記述する
> ・体験の現実を再構成する

出所：森岡，2013をもとに作成

対する好感が増しました。そして結果的に，入学した大学で充実した学生生活を送れるようになりました。このように，物語の視点をいかすことで，一連の出来事の展開に注目しやすくなり，変化のプロセスが把握しやすくなります。

　3つ目は，体験の現実を再構成するというものです。先にみたように，同じ事実に対しても異なる意味が付与されることで，「体験」という形であらわれる「現実」も多様なものとなり得ます。このことは逆に，意味の付与のされ方が変われば，同じ体験に対しても異なる現実が再構成され得ることを示しています。先の事例においても，第1志望校に落ち，第2志望校に入学したという事実に対して，陽太くんは当初，否定的な意味を付与していたため，現実は悲観的なものとしてつくり上げられていきました。しかし，山中先生の本に出会ったり，友人の話を聞いたりしたことを経て，陽太くんは，同じ事実に対しても肯定的な意味を付与するようになり，それによって，あらわれてくる現実も明るいものにつくり直されていきました。

　先の事例にあった「人間万事塞翁が馬」という故事は，先述のように，人生における幸せや不幸は予測できないことをあらわしています。ただ，予測できない背景には，同じ一連の出来事に対しても，①意味の付与のされ方によって，体験のあり様が変わってくること，②出来事には変化のプロセスがあること，そして，③現実は再構成可能であることという，3つの物語の力が作用しているともいえます。そして，そのような物語の力があるからこそ，「人間万事塞翁が馬」という言葉が好きな山中先生の本を読んだ陽太くんは，彼の人生の物語を書き直すことができたのかもしれません。

4 物語と心理援助

　ここまでみてきたように，物語は人の困難を理解するうえでも，また，その困難に対応するうえでも，大きな役割を果たします。そして，心理援助において，そのような物語の力を活用するのがナラティブ・アプローチです。

　ナラティブ・アプローチというと，他の章で書かれた心理療法アプローチのように，体系だった方法を連想する読者もいるかもしれません。たしかに，ナラティブ・アプローチのなかにも，社会構成主義の発想をいかしたナラティブ・セラピーのように，体系化されているものもあります。たとえば，ナラティブ・セラピーでは，困りごとを抱えるクライアントが，社会で支配的な物語であるドミナント・ストーリー*（dominant story）に縛られる面があるために，苦しみを感じているという考え方があります。そこで，その支配的な物語に代わる，クライアントに合った物語であるオルタナティブ・ストーリー*（alternative story）を心理援助をとおしてつくり上げることが重要になると考えられています（White & Epston, 1990/2017）。

　たとえば，先の事例における陽太くんは，「偏差値が高い大学のほうが価値

語句説明

ドミナント・ストーリー
社会で支配的な見方によって構成された物語のことを指す。

オルタナティブ・ストーリー
ドミナント・ストーリーに取って代わるクライアントに合った物語のことを指す。

がある」「よい大学に入学できると，よい勤め先に行ける」「地方よりも都会の
ほうがいい」といったドミナント・ストーリーの影響を受けていました。それ
に対して，先述のように，「今は根を張る時期で，一生懸命がんばれば，きっ
と自分に合ったよい将来につながるだろう」というオルタナティブ・ストーリー
を，時を経て形成することができました。そして，このようなオルタナティ
ブ・ストーリーを形成できたからこそ，たとえ第1志望校よりも偏差値が低く，
地方にある第2志望だった大学においても，充実した生活が送れるようにな
りました。

　しかし，ナラティブ・アプローチが本領を発揮するのは，特定の心理療法ア
プローチに限定してあらわれる現象ではなく，心理援助活動に通底しているよ
うな物語の力のほうかもしれません。たとえば，本章の前半で取り上げたよう
に，現実というのは社会的につくり上げられている面があります。そして，ク
ライアントが語る困りごとは，大なり小なり社会的現実の影響を受けています。
したがって，その社会的現実は，どのように社会的につくり上げられているの
かを見定め，そして，それが目の前にいるクライアントにどのような影響を与
えているのかを把握することは，クライアントを理解するうえで重要となるで
しょう。また，本章の後半でも述べたように，物語はさまざまな力をもってい
ます。この物語がもつ力を踏まえて，クライアントによる**苦難の語り**がいかに
形成されているのか，その語りに対してどのような揺さぶりをかけることがで
きるのか，そして，クライアントに合った新たな語りはいかに形成できるのか
を考えることが，有効な支援のカギとなるかもしれません。

　以上から，心を構成する社会の物語を理解することが，実践を核とする臨床
心理学において重要だといえます。

プラスα
苦難の語り
心の問題を含め，苦難に関する語りは，「混沌とした語り」としてあらわれることもある（桜井，2012）。「混沌とした語り」には，当初の話が結論までに至らない「中断化した語り」や，個々の経験が断片化されたままで有機的に結びつかない「物語化できない語り」がある。このような「混沌とした語り」は，語り手の体験を理解しようとする際，従来の枠組みがいかに不適切かをあらわす面がある。したがって聴き手は，これらのストーリーに乗らない語りにも寄り添う態度が重要だともいわれている。

考えてみよう

生まれてから現在に至るまでで，重要だったと思う過去の出来事を思い出
してください。そして，「その出来事が起こったときの自分」「現在の自分」
「10年後の自分」という3つの立場のそれぞれから，その出来事がどのよ
うに映っているかを考えてください。3つの立場によって，とらえ方の共
通点や違いはあるのか，また，どうしてそのような共通点や違いが生まれ
るのかを考えてみましょう。

🖋 本章のキーワードのまとめ

社会構成主義	現実は社会的に構成されている，つまり，人々の営みによってつくり上げられているという考え方である。この考え方は，幅広い学問分野のものの見方に影響を与えている。
社会問題	社会において問題として位置づけられた現象である。事実として起こっている問題としての側面がある一方で，社会的につくり上げられている現実としての側面もあることから，社会構成主義の分析対象となってきた。
物語	ナラティブ（narrative）とも表記される。語られる内容としての物語と，語るという行為としての物語がある。物語という視点を活用することにより，さまざまな現象の理解が深まることから，幅広い学問分野で注目されている。
ナラティブ・アプローチ	心理援助において物語（ナラティブ）がもつ力を活用するアプローチの総称である。ナラティブ・セラピーのようにアプローチの独自性を示す立場だけでなく，心理療法アプローチをまたがってあらわれる現象に注目する統合的立場もある。
ナラティブ・セラピー	心理援助において物語がもつ力を軸に体系立てられた心理療法アプローチであり，社会構成主義の影響を受けている。心理援助場面で展開する語りに着目し，語られる物語の再構成に力点がおかれる。
ドミナント・ストーリー	ナラティブ・セラピーの主要概念の一つである。社会で支配的な見方によって構成された物語のことを指す。心理援助では，ドミナント・ストーリーがいかにクライアントの困難に影響を与えているかに着目する。
オルタナティブ・ストーリー	ナラティブ・セラピーの主要概念の一つである。クライアントに合った物語のことを指す。心理援助では，クライアントが内面化したドミナント・ストーリーを解体し，オルタナティブ・ストーリーとして再構築することが目指される。

引用文献・参考文献

●第1章

引用文献

Lewelyn,S., & Aafjes-Van Doom, K.（2017）. *Clinical Psychology: A Very Short Introduction*. Oxford University Press.（レウェリン,S., &アフェス-ヴァン・ドーン,K. 下山晴彦（編訳）（2019）. 臨床心理学入門　東京大学出版会）

下山晴彦（編）（2009）. よくわかる臨床心理学　改訂新版　ミネルヴァ書房

下山晴彦（2010）. 臨床心理学をまなぶ1 これからの臨床心理学　東京大学出版会

高橋美保・下山晴彦（編著）太田信夫（監修）（2017）. シリーズ心理学と仕事8　臨床心理学　北大路書房

参考文献

Marzillier, J., & Hall, J.（1999）. *What is clinical psychology*（3rd ed.）. Oxford University Press.（Original work published 1989）（マツィリア, J., &ホール, J. 下山晴彦（編訳）（2003）. 専門職としての臨床心理士　東京大学出版会）

下山晴彦（編）（2009）. よくわかる臨床心理学　改訂新版　ミネルヴァ書房

下山晴彦・中嶋義文（編）（2016）.　公認心理師必携　精神医療・臨床心理の知識と技法　医学書院

●第2章

引用文献

Marzillier, J. ,& Hall, J.（1999）. *What is clinical psychology*　（3rd ed.）. Oxford University Press.（Original work published 1989）（マツィリア, J., &ホール, J. 下山晴彦（編訳）（2003）. 専門職としての臨床心理士　東京大学出版会）

下山晴彦（2010）.　臨床心理学をまなぶ1　これからの臨床心理学　東京大学出版会

下山晴彦（2014）.　臨床心理学をまなぶ2　実践の基本　東京大学出版会

下山晴彦・中嶋義文（編）（2016）.　公認心理師必携　精神医療・臨床心理の知識と技法　医学書院

参考文献

Lewelyn,S., & Aafjes-Van Doom, K.（2017）. *Clinical Psychology: A Very Short Introduction*. Oxford University Press.（レウェリン,S., &アフェス-ヴァン・ドーン,K. 下山晴彦（編訳）（2019）. 臨床心理学入門　東京大学出版会）

下山晴彦（2008）. 臨床心理アセスメント入門　金剛出版

下山晴彦（編）（2010〜刊行中）.　臨床心理学をまなぶ（全7巻）　東京大学出版会

●第3章

引用文献

American Psychological Association（2006）. Guidelines and Principles for Accreditation of Programs in Professional Psychology（G&P）. http://www.apa.org/ed/accreditation/about/policies/guiding-principles.pdf（最終アクセス日：2019年11月20日）

Corey, M.S., & Corey, G.（1993）. Becoming a helper . Pacific Grove, CA: Brooks.

原田杏子（2007）. 事例研究の方法　菅原郁夫・下山晴彦（編）実践法律相談――面接技法のエッセンス　東京大学出版会

Hochschild, A. R.（1983）The Managed Heart: Commercialization of Human Feeling. University of California Press.（ホックシールド,A.R. 石川准・室伏亜希（訳）（2000）.　管理される心――感情が商品になるとき　世界思想社）

小堀彩子・下山晴彦　（2006）.　対人援助職の感情労働とバーンアウト予防――実践例を交えて. 臨床心理学, **6**（5）, 600-605.

公認心理師カリキュラム等検討委員会（2017）.　報告書

厚生労働省（2018）. 公認心理師法第7条第2号に規定する認定施設　https://www.mhlw.go.jp/stf/seisakunitsuite/bunya/0000210738.html　（最終アクセス日：2019年11月20日）

日本心理研修センター（2018）. 第1回公認心理師試験　受験の手引き

野島一彦（編）（2018）. 公認心理師養成大学・大学院ガイド　日本評論社

野島一彦（2018）. 公認心理師の職責　公認心理師養成大学・大学院ガイド（p.6）　日本評論社

Schein, E.H.（1990）. Career Anchor: Discovering your real values.　San Diego, CA: Pfeffer.（シャイン, E.H.　金井壽宏（訳）（2003）. キャリア・アンカー――自分のほんとうの価値を発見しよう　白桃書房）

下山晴彦（2003）. よくわかる臨床心理学　ミネルヴァ書房

Stoltenberg, C. D.（2005）. Enhancing professional competence through developmental approaches to supervision. *American Psychologist*, **60**（8）, 857.

田尾雅夫・久保真人（1996）．バーンアウトの理論と実践——心理学的アプローチ　誠信書房

鶴光代（2018）．公認心理師養成カリキュラム概説　公認心理師養成大学・大学院ガイド（pp.4-5.）日本評論社

参考文献

平木典子（2017）．増補改訂心理臨床スーパービジョン——学派を超えた統合モデル　金剛出版

岩間伸之（2015）．援助を深める事例研究の方法——対人援助のためのケースカンファレンス 第 2 版　ミネルヴァ書房

金沢吉展　（1998）．カウンセラー——専門家としての条件　誠信書房

●第 4 章

引用文献

Eysenck , H. J.　（1952）．The effects of psychotherapy：An evaluation. *Journal of Consulting Psychology* , **16** , 319-324.

Lewelyn,S. ,& Aafjes-Van Doom, K. (2017). *Clinical Psychology: A Very Short Introduction.* Oxford University Press. (レウェリン ,S., & アフェスーヴァン・ドーン,K. 下山晴彦（編訳）（2019）．臨床心理学入門　東京大学出版会)

Marzillier, J. ,& Hall, J. (1999). *What is clinical psychology*（3rd ed.）. Oxford University Press. (Original work published 1989)（マツィリア, J., & ホール, J. 下山晴彦（編訳）（2003）.専門職としての臨床心理士　東京大学出版会）

McLeod, J. (1997). *Narrative and psychotherapy.* Sage Publications. (マクレオッド, J. 下山晴彦（監訳）（2007）． 物語りとしての心理療法　誠信書房)

下山晴彦（2010）．　臨床心理学をまなぶ 1 これからの臨床心理学　東京大学出版会

Smith,M.,& Glass,G.V.（1977）．Meta-analysis of comparative therapy outcome studies: A replication and refinement.*Psychological Bulletin*, **92**,581-604.

参考文献

下山晴彦（編）（2009）．　よくわかる臨床心理学 [改定新版]　ミネルヴァ書房

下山晴彦（編）（2010～刊行中）．　臨床心理学をまなぶ（全 7 巻）　東京大学出版会

下山晴彦（監修）（2020）.臨床心理フロンティア　公認心理師のための「基礎科目」講義　北大路書房

●第 5 章

引用文献

松見淳子　（2016）．　エビデンスに基づく応用心理学的実践と科学者——実践家モデル：教育・研究・実践の連携　応用心理学研究 , **41**（3）, 249-255.

参考文献

原田隆之　（2015）．　心理職のためのエビデンス・ベイスト・プラクティス入門——エビデンスを「まなぶ」「つくる」「つかう」　金剛出版

石丸径一郎　（2011）．　臨床心理学研究法 5　調査研究の方法　新曜社

南風原朝和　（2011）．　臨床心理学をまなぶ 7　量的研究法　東京大学出版会

●第 6 章

引用文献

Engel, G. L. (1977). The need of a new medical model: a challenge for biomedicine. *Science*, **196**, 129-136.

Fava, G. A. ,& Sonino, N. (2017). From the Lesson of George Engel to Current Knowledge: The Biopsychosocial Model 40 Years Later. *Psychotherapy and psychosomatics*, **86**, 257-259.

参考文献

ピネル,J.（2005）.ピネル　バイオサイコロジー——脳　心と行動の神経科学　西村書店

渡辺俊之・小森康永（2014）.バイオサイコソーシャルアプローチ——生物・心理・社会的医療とは何か?　金剛出版

● 第 7 章

引用文献

Asay, T.P. ,& Lambert, M.J. (1999). The empirical case for the common factors in therapy : Quantitative findings, In M. Hubble, B.L. Duncan & S.D. Miller (Eds.), *The Heart and Soul of Change : What works in Therapy* (pp.33-55). American Psychological Association.

飯長喜一郎 (監修)　坂中正義・三國牧子・本山智敬 (編著) (2015).　ロジャーズの中核三条件　＜受容：無条件の積極的関心＞　創元社

村山正治 (監修)　本山智敬・坂中正義・三國牧子 (編著) (2015).　ロジャーズの中核三条件　＜一致＞創元社

野島一彦 (監修)　三國牧子・本山智敬・坂中正義 (編著) (2015).　ロジャーズの中核三条件　＜共感的理解＞ 創元社

Rogers, C. R. (1951). *Client-Centered Therapy*. Houghton Mifflin. (ロジャーズ,C.R. 保坂亨・諸富祥彦・末武康弘 (共訳) (2005)　クライアント中心療法 (ロジャーズ主要著作集第 2 巻) 岩崎学術出版社)

丹野義彦・奥村泰之・上野真弓ほか (2011). 心理師が実施するうつ病への認知行動療法は効果があるか──系統的文献レビューによるメタ分析　認知療法研究, **4**, 8-15.

参考文献

アイビイ,A.E. 福原真知子・椙山喜代子・國分久子・楡木満生 (訳編) (1985). マイクロカウンセリング "学ぶ−使う−教える" 技法の統合──その理論と実際　川島書店

ヒル,C.E. 藤生英行 (監訳)　岡本吉生・下村英雄・柿井俊昭 (訳) (2014). ヘルピング・スキル　第 2 版──探求・洞察・行動のためのこころの援助法　金子書房

● 第 8 章

引用文献

Allen, J.G., & Fonagy, P. (2006). *Handbook of Mentalization-Based Treatment*. Wiley&Sons Limited. (アレン, J.G.& フォナギー, P. 狩野力八郎 (監修)池田暁史 (訳) (2011). メンタライゼーション・ハンドブック──MBT の基礎と臨床　岩崎学術出版社)

Fraiberg,S., Adelson,E., & Shapiro,V. (1975) .Ghosts in the nursery. A Psychoanalytic approach to the problems of impaired infant-mother relatinoships. *Journal of the American Academy of Child Psychiatry*, **14**(13) , 387-421.

Freud,S.(1916). *Vorlesungen zur Einführung in die Psychoanalyse*. Heller. (フロイト, S. 井村恒郎・馬場謙一 (訳)(1970). 精神分析入門　下 日本教文社)

Freud,S. (1933) . *Neue Folge der Vorlesungen zur Einführung in die Psychoanalyse*. Internationaler Pychoanalytischer Verlag. (フロイト, S.　古沢平作 (訳)(1969). 続　精神分析入門　日本教文社)

上地雄一郎 (2015).　メンタライジング・アプローチ入門──愛着理論を生かす心理療法北大路書房

木部則雄 (2006). こどもの精神分析──クライン派・対象関係論からのアプローチ　岩崎学術出版社

木部則雄 (2012). こどもの精神分析 II──クライン派による現代のこどもへのアプローチ　岩崎学術出版社

前田重治 (1985). 図説　臨床精神分析学　誠信書房

丸田俊彦 (1981). 短期集中精神療法　精神分析研究, **25**(5), 21-29.

Milton,J., Polmear,C., & Fabricius,J. (2004). *A Short Introduction to Psychoanalysis*. Sage　Publications. (ミルトン, J., ポルマー, C.,& ファブリシアス, J. 松木邦裕 (監訳) 浅野元志 (訳) (2006). 精神分析入門講座──英国学派を中心に　岩崎学術出版社)

小此木啓吾・岩崎徹也・橋本雅雄・皆川邦直 (編) (1987). 精神分析セミナー IV　フロイトの精神病理学理論　岩崎学術出版社

Palmier,J-M.(1970). *Lacan, le symbolique et l'imaginaire*. Éditions Universitaires. (パルミエ, J-M. 岸田秀 (訳)(1988). ラカン──象徴的なものと想像的なもの　青土社)

Solomon, M. F., Malan, D., Shapiro, F., Alpert, M.,Shapiro,F., & Maran,D. (2001) .Short-term Therapy for Long-term Change.　W.W.Norton& Company. (ソロモン, M.F., ネボルスキー, R., マッカロー, L., アルパート, M., シャピロ, F., &マラン, D. 妙木浩之・飯島典子 (監訳) (2014). 短期力動療法入門　金剛出版)

参考文献

Harris,M. (2011). *Thinking about Infants and Young Children*. Karnac Books. (ハリス, M. 山上千鶴子 (訳)(2016). 児童分析家の語る子どものこころの育ち　岩崎学術出版社)

乾吉佑 (監修) 横川滋章・橋爪龍太郎 (編著) (2015). 生い立ちと業績から学ぶ精神分析入門── 22 人のフロイトの後継者たち　創元社

小此木啓吾・馬場謙一 (編) (1977). フロイト精神分析入門　有斐閣新書

●第9章

引用文献

Abramowitz, J. S., Taylor, S., & McKay, D.（2009）. Obsessive-compulsive disorder. *The Lancet*, **374**（9688）, 491-499.

Baum, W. M.（2004）. *Understanding behaviorism: Behavior, culture, and evolution*（2nd ed）. Wiley-Blackwell. （ボーム,W.M. 森山哲美（訳）（2016）. 行動主義を理解する――行動・文化・進化 二瓶社）

Bandura, A.（1971）. *Psychological modeling: Conflicting theories*. Aldine Atherton, Inc.

Craske, M. G., Treanora, M., Conwaya, C. C., Zbozineka, T., & Vervlietb, B.（2014）. Maximizing exposure therapy: An inhibitory learning approach. *Behaviour Research and Therapy*, **58**, 10-23.

Dougher, M. J., & Hayes, S. C.（2000）. Clinical behavior analysis. In M. J. Dougher（Ed.）, *Clinical Behavior Analysis*（pp. 11-25）. Context Press.

Foa, E. B., Steketee, G., Grayson, J. B., Turner, R. M., & Latimer, P. R.（1984）. Deliberate exposure and blocking of obsessive-compulsive rituals: Immediate and long-term effects. *Behavior Therapy*, **15**（5）, 450-472.

Ginsburg, S., & Jablonka, E.（2010）. The evolution of associative learning: A factor in the Cambrian explosion. *Journal of Theoretical Biology*, **266**（1）, 11-20.

Hayes, S. C.（2004）. Acceptance and Commitment Therapy, Relational Frame Theory, and the third wave of behavioral and cognitive therapies. *Behavior Therapy*, **35**, 639-665.

Hayes, S. C., Barnes-Holmes, D., & Roche, B.（2001）. *Relational frame theory: A post-skinnerian account of human language and cognition.* Kluwer Academic/ Plenum Publishers.

Hayes, S. C., Strosahl, K. D., & Wilson, K. G.（2012）. *Acceptance and commitment therapy: The process and practice of mindful change.* Guilford Press. （ヘイズ,S.C., ストローサル, K. D.,&ウィルソン K. G. 武藤崇・三田村仰・大月友（監訳）（2014）. アクセプタンス&コミットメント・セラピー――マインドフルな変容のためのプロセスと実践 第2版 星和書店）

Linehan, M. M.（1977）. Validation and psychotherapy. In A. B. L. Greenberg（Ed.）, *Empathy reconsidered: New directions in psychotherapy.*（pp. 353-392）. American Psychological Association.

Llewelyn, S., & Shimoyama, H.（2012）. Working with CBT across cultures in clinical psychology with particular reference to Japanese clinical psychology. 臨床心理学, **12**（3）, 415-421.

Meyer, V.（1966）. Modification of expectations in cases with obsessional rituals. *Behaviour Research and Therapy*, **4**, 273-280.

三田村仰 （2017）. はじめてまなぶ行動療法 金剛出版

望月昭（1978）. 観察学習と般化模倣――社会的学習への行動分析的アプローチ 心理学評論, **21**, 251-263.

Mowrer, O. H.（1960）. Two-factor learning theory: Versions one and two. In O. H. Mowrer（Ed.）, *Learning Theory and Behavior*（pp. 63-91）. John Wiley and Sons.

Öst, L. G., Havnen, A., Hansen, B., & Kvale, G.（2015）. Cognitive behavioral treatments of obsessive-compulsive disorder. A systematic review and meta-analysis of studies published 1993–2014. *Clinical Psychology Review*, **40**, 156-169.

Padesky, C. A.（1994）. Schema change processes in cognitive therapy. *Clinical Psychology & Psychotherapy*, 1（5）, 267-278.

Skinner, B. F.（1969）. *Contingencies of reinforcement: A theoretical analysis.* Appleton-Century-Crofts.

園田順一・武井美智子・高山巌・平川忠敏・前田直樹・畑田惣一郎・黒浜翔太・野添新一（2017）. ACTと森田療法の比較研究――その類似点を検討する 心身医学, **57**, 329-334.

Watson, J. B.（1913）. Psychology as the behaviorist views it. *Psychological Review*, **20**（2）, 158-177.

Wolpe, J.（1958）. *Psychotherapy by reciprocal inhibition.* Stanford University Press. （ウォルピ,J. 金久卓也（監訳）（1977）. 逆制止による心理療法 誠信書房）

参考文献

原井宏明（2010）. 対人援助職のための認知・行動療法――マニュアルから抜けだしたい臨床家の道具箱 金剛出版

三田村仰（2017）. はじめてまなぶ行動療法 金剛出版

山本淳一・武藤崇・鎌倉やよい（編）（2015）. ケースで学ぶ行動分析学による問題解決 金剛出版

●第10章

引用文献

Beck, J.S. (1995). *Cognitive therapy: Basic and Beyond*. Guilford Press. (ベック,J.S.　伊藤絵美・神村栄一・藤澤大介 (訳) (2015).認知療法実践ガイド・基礎から応用まで　第2版——ジュディス・ベックの認知療法テキスト　星和書店)

坂野雄二 (2011).認知行動療法の基礎　金剛出版

Kabat-Zinn, J. (1990). *Full catastrophe living: Using the Wisdom of Your Body and, Mind to Face Stress, Pain and Illness*. Delacorte Press. (カバットジン,J.　春木豊 (訳) (2007).マインドフルネスストレス低減法　北大路書房)

Kabat-Zinn, J. (2003). Mindfulness-based interventions in context: Past, Present, and future. *Clinical Psychology: Science and Practice*, **10**, 144-156.

Segal, Z. V., Williams, J. M. G., Teasdale, J. D., & Gemar, M. (1996). A cognitive science perspective on kindling and episode sensitization in recurrent affective disorder. *Psychological Medicine*, **26**, 371-380.

Teasdale, J.D., Segal, Z., & Williams, J.M.G. (1995). How does cognitive therapy prevent depressive relapse and why should attentional control (mindfulness) training help? *Behaviour Research and Therapy*, **33**, 25-39.

Young, J.E., Klosko, J.S., & Weishaar, M.E. (2003). *Schema Therapy A Practitioner's Guide*. Guilford Press. (ヤング J.E.,・クロスコ,J.S.・ウェイシャー, M.E. 伊藤絵美 (監訳) (2008).　スキーマ療法——パーソナリティの問題に対する統合的認知行動療法アプローチ　金剛出版)

参考文献

グリーンバーガー, D.,&パデスキー, C.A. 大野裕 (監訳) (2017).うつと不安の認知療法練習帳　増補改訂版　創元社

シーガル, Z.,ウィリアムズ, J.M.G.,&ティーズデール,J.D. 越川房子 (監訳) (2007).マインドフルネス認知療法——うつを予防する新しいアプローチ　北大路書房

Wright, J.H., Brown, G.K., Thase, M.E.,& Basco, M. R. 大野裕・奥山真司 (監訳) (2018).　認知行動療法トレーニングブック　第2版　医学書院

●第11章

引用文献

文部科学省 (2018).平成29年度児童生徒の問題行動・不登校等生徒指導上の諸問題に関する調査結果について.

遊佐安一郎 (1984).家族療法入門——システムズ・アプローチの理論と実際　星和書店

参考文献

中釜洋子・野末武義・布柴靖枝・無藤清子 (2019).家族心理学——家族システムの発達と臨床的援助　第2版　有斐閣ブックス

野末武義 (2015).日本家族心理学会 (編).家族心理学年報33　個と家族を支える心理臨床実践1——個人療法に活かす家族面接 (pp.13-21)金子書房

野末武義 (2015).夫婦・カップルのためのアサーション——自分もパートナーも大切にする自己表現　金子書房

●第12章

引用文献

Bronfenbrenner, U. (1979). *The Ecology of Human Development Experiments by Nature and Design*. Harvard University Press.

Dalton, J., Elias, M., & Wandersman, A. (2001). *Community Psychology: Linking Individuals and Communities*. Wadsworth/Thomson Learning. (ダルトン,J.,イライアス, M.,&ウォンダースマン, A. 笹尾敏明 (訳) (2007).コミュニティ心理学——個人とコミュニティを結ぶ実践人間科学　トムソンラーニング)

金沢吉展 (編) (2004).臨床心理的コミュニティ援助論　誠信書房

厚生労働省 (2017).　平成29年度国民生活基礎調査の概況　https://www.mhlw.go.jp/toukei/saikin/hw/k-tyosa/k-tyosa17/index.html (最終アクセス日：2019年2月24日)

McMillian, D. W., & Chavis, D. M. (1986). Sense of community: A Definition and theory. *Journal of Community Psychology*, **14**, 6-23.

鵜飼啓子 (2004).　学校領域におけるコミュニティ援助の実際　金沢吉展 (編)臨床心理的コミュニティ援助論　(pp.58-99)　誠信書房

山本和郎 (1986).コミュニティ心理学——地域臨床の理論と実践　東京大学出版会

参考文献

藤川麗 (2007).臨床心理のコラボレーション——統合的サービス構成の方法　東京大学出版会

本田真大（2015）．援助要請のカウンセリング──「助けて」と言えない子どもと親への援助　金子書房

高松里（2009）．セルフヘルプ・グループとサポート・グループ実施ガイド──始め方・続け方・終わり方　金剛出版

●第13章

引用文献

赤川学（2012）．社会問題の社会学　弘文堂

Berger, P. L., & Luckmann, T.（1966）．*The social construction of reality: A treatise in the sociology of knowledge*. Anchor.（バーガー, P. L. & ルックマン, T. 山口節郎（訳）（2003）．現実の社会的構成──知識社会学論稿　新曜社）

Best, J.（2017）．*Social problems*（3rd ed.）. W. W. Norton & Company.

厚生労働省（2019）．平成30年度児童相談所での児童虐待相談対応件数＜速報値＞　https://www.mhlw.go.jp/content/11901000/000533886.pdf（最終アクセス日：2020年3月23日）

厚生労働省（n.d.）．児童虐待の定義と現状　https:// www.mhlw.go.jp/stf/seisakunitsuite/bunya/kodomo/kodomo_kosodate/dv/about.html（最終アクセス日：2020年3月23日）

Lewis, O.（1959）．*Five families: Mexican case studies in the culture of poverty*. Basic Books.（ルイス, O. 高山智博（訳）（1970）．貧困の文化──五つの家族　新潮社）

文部科学省（n.d.）．いじめの定義の変遷　https://www.mext.go.jp/component/a_menu/education/detail/__icsFiles/afieldfile/2019/06/26/1400030_003.pdf（最終アクセス日：2020年3月23日）

文部科学省初等中等教育局児童生徒課（2019）．平成30 年度 児童生徒の問題行動・不登校等生徒指導上の諸課題に関する調査結果について https://www.mext.go.jp/content/1410392.pdf（最終アクセス日：2020年3月23日）

森岡正芳（2013）．ナラティヴとは　やまだようこ・麻生武・サトウタツヤ・能智正博・秋田喜代美・矢守克也（編）質的心理学ハンドブック（pp. 276-293）　新曜社

能智正博（2006）．"語り"と"ナラティヴ"のあいだ　能智正博（編）"語り"と出会う──質的研究の新たな展開に向けて（pp. 11-72）　ミネルヴァ書房

桜井厚（2012）．ライフストーリー論　弘文堂

田中理絵（2011）．社会問題としての児童虐待──子ども家族への監視・管理の強化　教育社会学研究, **88**, 119-138.

Tobias, R. B.（1993）．*20 master plots (and how to build them)*. Writer's Digest Books.

上野加代子・野村知二（2003）．〈児童虐待〉の構築──捕獲される家族　世界思想社

White, M., & Epston, D.（1990）．*Narrative means to therapeutic ends*. W.W. Norton & Company.（ホワイト, M.& エプストン, D. 小森康永（訳）（2017）．物語としての家族［新訳版］　金剛出版）

山中伸弥・緑慎也（2012）．山中伸弥先生に、人生とiPS細胞について聞いてみた　講談社

参考文献

赤川学（2012）．社会問題の社会学　弘文堂

Best, J.（2001）．*Damned lies and statistics: Untangling numbers from the media, politicians, and activists*. University of California Press.（ベスト, J. 林大（訳）（2002）．統計はこうしてウソをつく──だまされないための統計学入門　白揚社）

森岡正芳（編）（2015）．臨床ナラティヴアプローチ　ミネルヴァ書房

このページでは，「考えてみよう」の回答例や回答するためのヒントを示しています。
自分で考える際の参考にしましょう。

■ 第１章（12ページ）

精神医学を含む医学は，基本的に自然科学に基づき，疾病の治療を行う学問である。医師が
医学的知識に基づいて病理を診断し，その病因を薬物や身体的処置によって除去，管理する
ことが治療の基本手続きとなる。そのため，医療現場では医師を中心として，患者の病理を
管理するためのシステムが構成されてきた。

そのような医学モデルに対して臨床心理学では，生活支援モデルに基づいて対応する。生活
支援モデルでは，精神障害を含めた病気がある場合には，それを生活するうえでの困難とし
て理解する。そして，病気を管理するのではなく，そのような困難を抱えつつも，より適応
的に社会生活を送ることができるように"支援"することを目指す。臨床心理学では，病気
の生物学的な制約を考慮しつつも，心理社会的"支援"を行う。心理面での支援では，困難
に対しての考え方や取り組み方を見直し，より適切な感情の持ち方や行動の仕方ができるよ
うにサポートする。また，社会面での支援では，家族や同僚，他職種などの関係者と協力し
てサポートネットワークを形成し，その人が困難を抱えつつ生活がしやすいように社会環境
の調整を行う。

■ 第２章（24ページ）

心理の異常に関する判断は，専門的判断がなされる以前に，日常場面ですでに主観的になさ
れている。たとえば，私たちは誰でも，日常場面で「自分は少し変ではないか」「もう気が
滅入ってやっていけない」といった判断をしている。このような日常表現で示される判断は，
異常心理に関する主観的判断といえるものである。

通常，人が心理相談機関に来談する場合，あるいは他者に来談するように勧める場合には，
このような日常的な主観的判断が関わっている。そして，心理相談機関に来談し，心理的ア
セスメントを受ける来談者は，自らの主観的判断を公認心理師に語ることになる。たとえば，
「自分は問題をこのように考えています」「このような問題で困っています」という，その人
の主観的判断を公認心理師に具体的に語るのである。

公認心理師は，来談者の日常的で主観的な判断を参考にしつつ，それとは異なる専門的視点
を加えて，その問題の異常性に関する客観的判断を行う。公認心理師は，本章で解説した専
門的観点から，来談者の問題に関する情報を収集し，問題の成り立ちについて客観的に判断
する。したがって，アセスメント場面では，来談者側の主観的判断と公認心理師側の客観的
判断が交錯することになる。

■ 第3章 (34ページ)

(回答へのヒント) このポータルサイトは，メンタルヘルスの問題に悩む労働者，その家族，メンタルヘルス対策に取り組む事業者，部下をもつ者，職場のメンタルヘルスに関わる支援者という多様な立場の者に情報提供をしている。扱っている情報も幅広く，うつ病，職場復帰，被災に関連した精神的ケア，失業や生活困窮などで困っている際の救済制度，複数の相談窓口の紹介，各種法令の紹介などさまざまある。さらに情報提供の方法も工夫されている。e-ラーニング形式を取り入れてスライドや動画が閲覧できるようになっていたり，SNSを用いた相談窓口の設置がなされていたりと，短い時間で手軽に情報にアクセスできる。メンタルヘルスに関する特定の問題が発生した際，どういう人たちがその問題に関わることになり，それぞれの人たちがもつとよい知識がどのようなもので，必要な知識についてどのような伝え方をすればよいのか，ということを示している点で，産業以外の職域で働く公認心理師にも参考になる。

■ 第4章 (48ページ)

1964年設立の日本臨床心理学会が指導者と若手会員との間の意見対立でほぼ解体状態にあった1970年代において，日本心理臨床学会の設立と発展に向けてリーダーシップをとったのが，スイスのユング研究所でユング派セラピストの資格を取得して帰国し，関西を中心に活躍していた河合隼雄氏であった。河合氏の指導によって個人心理療法の実力を蓄えていた関西のグループが中心となり，新たな学会がまとまり，会員数も全国規模で急増した。したがって，心理臨床学会は，単に名称が変わっただけでなく，その目指すところも異なっていた。臨床心理学会は，米国のカウンセリングや臨床心理学をモデルとして発足した。それに対して心理臨床学会は，ユング派心理療法に代表される心理力動的学派の心理療法モデルを理想として成立し，"心理臨床学"という独特の学問が発展した。

■ 第5章 (58ページ)

ターゲットとなる年齢層，性別，国・地域などを定めて，研究参加者を募る。日焼け止めAと日焼け止めBとを，同じ容器に入れて区別がつかないようにしてランダムに配付して，しばらくの期間使用してもらう。使用前，使用後で適切なアセスメントを行い，効果や安全性を比較する。

■ 第6章 (68ページ)

(ある回答例) 高校生の妹が，拒食症になって月経が止まり，体重が30kg台前半になってしまった。生物的要因として，親戚にも拒食障害の人がいると聞いたことがあり，遺伝的な素

因があるかもしれない。心理的要因としては，妹はストレスの発散が上手ではなく，1人で考えこんでしまう性格であることが考えられる。社会的要因としては，最近部活動内の人間関係がうまくいっていないことが関連しているかもしれない。生物的要因については，本人の責任や要因ではない部分があることなどの自己理解を深める。心理的要因については，ストレスの発生や推移について一緒によく観察し理解を深め，解消方法を複数あげて試してみる。社会的要因については，人間関係についての話を聞いて共感的に理解し，可能であれば現実的な改善策を考える。

■ 第7章（82ページ）

（回答へのヒント）まずは本文P75の「クライアント中心療法のアプローチ法」を参考に，①無条件の肯定的関心，②共感的理解，③自己一致を意識しながら話を聴いてみるとよいだろう。特にパートナーに対する複数の感情が語られている相談であるため，たとえば「構ってくれないことへの不満や怒り，その背後にある傷つきや相手を好きな気持ち」のそれぞれについて理解を示すことや「付き合い続けたいという気持ちと付き合い続けたくない（別れたい）という気持ち」の両方に理解を示したり，「その間で葛藤するつらさ」への理解を示したりすることが大切になる場合もあるだろう。

■ 第8章（96ページ）

クライアントの心理的課題への取り組みの姿勢や症状緩和への意欲が高いこと。また，内省力とともに言語表現力，自我機能の強さと想像力があり，情緒を実感することが可能であること。混乱するような事態に直面したときに，衝動的に行動して解決を求めることなく，待つこと，考えることが可能であること，などの心理的側面について検討する。

■ 第9章（108ページ）

（ある回答例）私にとっての体験の回避とは，さまざまな理由をつけて勉強することを先延ばしにすることだ。「後でやろう（今はまだしなくていい）」という考えを観察しつつ，テキストを開いて勉強を始めることにする。

■ 第10章（120ページ）

（回答へのヒント）1つの状況を，気分や考え（認知）にわけて記述してみることで，自分の気分が考え（認知）と強く関連していることに気づけたのではないかと思う。また考え（認知）は普段はあまり意識をしていないものなので，記述するのが少し難しかったかもしれない。したがって，考え方を見直すという作業は，まずは自分がどのような気分や考えをしているのかに気づき，観察し，特徴を知るということから始めていく。

■ 第11章 (134ページ)

(回答へのヒント) 子どもが親には話を聴いてほしくないと思っている場合と，聴いてほしいと思っている場合とでは，どのような違いが起こり得るだろうか。また，両親夫婦の関係が比較的良い場合と，深刻な葛藤状況にある場合とでは，どのような違いが起こり得るだろうか。

■ 第12章 (148ページ)

(回答へのヒント) 高校生から大学生，大学生から社会人といったライフサイクル上の変化の際には，物理的な移動や所属コミュニティの変化も伴うことが多い。そのため，十分に自分らしく力を発揮することができず自信を失ったり，人とのつながりのなかで安心できる感覚をもちにくかったりする状態に陥りやすい。こうした移行期に生じる理解と支援においては，コミュニティアプローチ的視点が役立つ。

■ 第13章 (154ページ)

(回答へのヒント) 本章第1節2項の「心理的問題と統計」の事例とその内容をもう一度振り返り，その他の心理的問題の深刻さをあらわす統計を探してみるとよいだろう。代表的なものとしては，行政機関（省庁や市区町村）および報道機関（新聞やテレビ）がまとめた統計がある。

ちなみに第13章では，「いじめ」に関する問題の深刻さをあらわす統計として，「平成30年度児童生徒の問題行動・不登校等生徒指導上の諸課題に関する調査結果について」（文部科学省初等中等教育局児童生徒課，2019)をもとに，いじめ認知件数の値が最大の県と最小の県を紹介した。それらの値が，たとえば各都道府県民や行政によって，どのような形で使われ得るかを考えてみることで，心理的問題がいかに社会問題化され得るかを考えるヒントになるかもしれない。この調査結果には，「いじめ」以外にも，「暴力行為」「出席停止」「不登校」「中途退学」「自殺」「教育相談」に関する統計も載っている。

(160ページ)

(回答へのヒント) まずは，たとえば「小学3年生のとき，父親の仕事の都合で引っ越しをすることになり，当時仲良しだったクラスメイトの皆と突然別れなければならなくなった」など，過去の出来事を思い出すとよいだろう。そして，本章第2節3項の「物語のいかし方」の事例とその内容をもう一度振り返り，時間の経過等によって，出来事の映り方が変わる面があることを確認するとよいだろう。そのうえで，「その出来事が起こったときの自分」「現在の自分」「10年後の自分」という3つの立場から，思い出した過去の出来事の映り方についてイメージするとよいだろう。

執筆者紹介 (執筆順)

下 山 晴 彦　(しもやま・はるひこ，跡見学園女子大学心理学部教授) 編著者まえがき・第1章・
　　　　　　第2章・第4章

小 堀 彩 子　(こほり・あやこ，大正大学心理社会学部臨床心理学科教授) 第3章

石 丸 径 一 郎　(いしまる・けいいちろう，お茶の水女子大学生活科学部心理学科教授) 第5章・
　　　　　　第6章

林　　潤 一 郎　(はやし・じゅんいちろう，成蹊大学経営学部教授) 第7章

田 中 志 帆　(たなか・しほ，文教大学人間科学部臨床心理学科教授) 第8章

三 田 村　　仰　(みたむら・たかし，立命館大学総合心理学部准教授／個人開業) 第9章

松 永 美 希　(まつなが・みき，立教大学現代心理学部心理学科教授) 第10章

野 末 武 義　(のずえ・たけよし，明治学院大学心理学部心理学科教授／IPI統合的心理療法研究
　　　　　　所所長) 第11章

大 西 晶 子　(おおにし・あきこ，東京大学相談支援研究開発センター教授) 第12章

藤 岡　　勲　(ふじおか・いさお，佛教大学教育学部臨床心理学科准教授) 第13章

編集　　　　　株式会社ミネルヴァ書房　編集部　丸山碧
編集協力　　　株式会社桂樹社グループ　吉田陽一，広山大介
本文デザイン　中田聡美
イラスト　　　寺平京子，宮下やすこ

監修者

下山晴彦（しもやま・はるひこ，跡見学園女子大学心理学部教授）

佐藤隆夫（さとう・たかお，人間環境大学総合心理学部教授）

本郷一夫（ほんごう・かずお，東北大学名誉教授）

編著者

下山晴彦（しもやま・はるひこ）
東京大学大学院教育学研究科教育心理学専攻博士課程中退，博士（教育学）
現在：跡見学園女子大学心理学部教授
主著：『臨床心理学をまなぶ1　これからの臨床心理学』（単著）東京大学出版会，2010年
　　　『臨床心理学入門』（編訳）東京大学出版会，2019年

石丸径一郎（いしまる・けいいちろう）
東京大学大学院教育学研究科臨床心理学コース博士課程修了，博士（教育学）
現在：お茶の水女子大学生活科学部心理学科教授
主著：『同性愛者における他者からの拒絶と受容』（単著）ミネルヴァ書房，2008年
　　　『臨床心理学研究法5　調査研究の方法』（単著）新曜社，2011年

公認心理師スタンダードテキストシリーズ③
臨床心理学概論

2020年7月20日　初版第1刷発行　　　　　〈検印省略〉
2023年12月20日　初版第4刷発行

定価はカバーに
表示しています

監修者	下	山	晴	彦
	佐	藤	隆	夫
	本	郷	一	夫
編著者	下	山	晴	彦
	石	丸	径一	郎
発行者	杉	田	啓	三
印刷者	坂	本	喜	杏

発行所　株式会社　ミネルヴァ書房
607-8494　京都市山科区日ノ岡堤谷町1
電話代表　(075) 581 - 5191
振替口座　01020 - 0 - 8076

© 下山・石丸ほか, 2020　　冨山房インターナショナル・新生製本
ISBN978-4-623-08613-9
Printed in Japan

公認心理師スタンダードテキストシリーズ

下山晴彦・佐藤隆夫・本郷一夫　監修

全 23 巻

B5判／美装カバー／各巻 200 頁程度／各巻予価 2400 円（税別）

❶ 公認心理師の職責
下山晴彦・慶野遥香 編著

② 心理学概論
サトウタツヤ・佐藤隆夫 編著

❸ 臨床心理学概論
下山晴彦・石丸径一郎 編著

❹ 心理学研究法
三浦麻子・小島康生・平井 啓 編著

⑤ 心理学統計法
星野崇宏・岡田謙介 編著

⑥ 心理学実験
高橋康介・山田祐樹 編著

⑦ 知覚・認知心理学
佐藤隆夫・金谷英俊 編著

⑧ 学習・言語心理学

⑨ 感情・人格心理学
内山伊知郎 編著

⑩ 神経・生理心理学
宮川 剛・望月 聡 編著

⑪ 社会・集団・家族心理学
北村英哉 編著

⑫ 発達心理学
林 創 編著

⑬ 障害者・障害児心理学
本郷一夫・大伴 潔 編著

⑭ 心理的アセスメント
本郷一夫・吉田沙蘭 編著

⑮ 心理学的支援法
下山晴彦・森田慎一郎 編著

⑯ 健康・医療心理学
鈴木伸一 編著

⑰ 福祉心理学
渡部純夫・本郷一夫 編著

⑱ 教育・学校心理学
小野瀬雅人 編著

⑲ 司法・犯罪心理学
原田隆之 編著

⑳ 産業・組織心理学
島津明人 編著

㉑ 人体の構造と機能及び疾病
熊野宏昭 編著

㉒ 精神疾患とその治療
滝沢 龍 編著

㉓ 関係行政論
伊藤直文・岡田裕子・下山晴彦 編著

※黒丸数字は既刊

━━ ミネルヴァ書房 ━━
https://www.minervashobo.co.jp/